JN412434

실전 비서실무
및 사무 영어회화

Secretarial Procedures & Conversational Office English

Kim Se Yeon

© 2021 Cengage Learning Korea Ltd.

ALL RIGHTS RESERVED. No part of this work covered by the copyright herein may be reproduced, transmitted, stored or used in any form or by any means graphic, electronic, or mechanical, including but not limited to photocopying, recording, scanning, digitalizing, taping, Web distribution, information networks, or information storage and retrieval systems, without the prior written permission of the publisher.

For permission to use material from this text or product, email to
asia.infokorea@cengage.com

ISBN-13: 978-89-6218-498-3

Cengage Learning Korea Ltd.
14F YTN Newsquare 76 Sangamsan-ro
Mapo-gu Seoul 03926 Korea
Tel: (82) 2 330 7000
Fax: (82) 2 330 7001

Cengage Learning is a leading provider of customized learning solutions with office locations around the globe, including Singapore, the United Kingdom, Australia, Mexico, Brazil, and Japan.
Locate your local office at: **www.cengage.com**

Cengage Learning products are represented in Canada by Nelson Education, Ltd.

To learn more about Cengage Learning Solutions, visit **www.cengageasia.com**

Every effort has been made to trace all sources and copyright holders of news articles, figures and information in this book before publication, but if any have been inadvertently overlooked, the publisher will ensure that full credit is given at the earliest opportunity.

Printed in Korea
Print Number: 01 Print Year: 2021

Secretarial Procedures &
Conversational Office English

실전 비서실무 및 사무 영어회화

김세연 지음

Andover • Melbourne • Mexico City • Stamford, CT • Toronto • Hong Kong • New Delhi • Seoul • Singapore • Tokyo

실전 비서실무 및 사무 영어회화

초판 1쇄 인쇄 | 2021년 1월 25일
초판 1쇄 발행 | 2021년 1월 29일

지은이 | 김세연
발행인 | 송성헌
발행처 | 센게이지러닝코리아㈜
등록번호 | 제313-2007-000074호(2007.3.19.)
주　　소 | 서울시 마포구 상암산로 76 YTN 뉴스퀘어 14층
전　　화 | 02) 330-7000
이메일 | asia.infokorea@cengage.com
홈페이지 | www.cengage.co.kr

ISBN-13: 978-89-6218-498-3

정가 20,000원

머 리 말

비서는 최고 경영자의 사무 · 경영 지원뿐만 아니라 업무상 필요한 정보 제공과 비즈니스 인맥 관리 등 전반적인 분야에서 조직의 리더가 최대의 업무 성과를 낼 수 있도록 지원하는 역할을 한다. 특히 전문 비서는 최고 경영자가 수행하는 경영 활동의 시너지 효과를 낼 수 있는 조력자라 할 수 있으며, 이는 곧 기업이 경쟁력을 기르는 데 바탕이 된다. 최근에는 기업 규모와 산업 형태 등에 따라 다양한 분야에서 전문 비서를 채용하고 있으며, 기업이 존재하는 한 이러한 수요는 앞으로도 꾸준히 지속될 것이라고 본다.

특히 오늘날 우리 사회는 과학기술과 정보산업의 발전이 가속화되면서 기업과 여러 조직의 업무 환경과 형태가 다양한 변화를 겪고 있다. 이러한 사회에서 기업은 모바일 환경을 자유자재로 다루고 다각화된 업무 방식을 효율적으로 처리할 수 있는 스마트한 인재를 원하고 있으며, 각 조직의 최고 경영자를 보좌하는 비서 역시 이러한 변화에 능동적으로 대응할 수 있어야 한다.

또한 대부분 기업의 비즈니스가 국제를 무대로 세계화되면서 더 활발해지는 국가 간 교류 업무를 담당할 비서의 영어 사용 능력은 선택이 아닌 필수 요건이 되었다. 국제 전화 응대, 외국인 내방객 응대, 국제 회의 업무 진행에 필요한 각종 예약, 지시와 보고 등 여러 업무에서 영어로 하는 원활한 의사소통이 요구된다. 이에 기업은 우수한 영어 실력과 타 문화 수용력을 지니고 다양한 국제 업무를 수행할 수 있는 전문 비서를 채용하기를 희망한다.

이에 『실전 비서실무 및 사무 영어회화』는 변화하는 시대에 발 맞추어 비서의 능력을 체계적으로 함양하고 국제화 시대에 맞는 전문 비서의 역량을 강화시킬 전략을 담아, 다음과 같이 1부와 2부를 나눠 총 12개 장으로 구성했다.

- 각 챕터의 모든 내용은 가장 최신에 개편된 비서시험 자격 체계를 반영했다.
- 1부(1~8장)는 '실전 비서실무', 2부(9~12장)는 '사무 영어회화'로 나누어 효율적으로 비서 자격 시험을 준비할 수 있도록 했다.
- '실전 비서실무'에서는 전화 업무, 내방객 응대, 일정 관리, 출장 예약, 회의와 보고 업무 등 전반적인 비서 업무를 다루며, 최근 관심이 높아지고 있는 비서의 인간관계와 스트레스 관리 내용도 추가했다.
- '사무 영어회화'에서는 전화 응대, 내방객 응대, 일정에 따른 예약 및 지시와 보고에 대한 업무를 다루며, 각 장별로 중요한 단어와 표현을 정리하고 상황별 대화문을 통해 실전 감각을 기를 수 있게 했다.
- 모든 장의 끝에는 각 장의 학습내용을 이해하기 쉽도록 요약했다.

책을 준비하면서 저자의 비서 경험을 회상하게 되었다. 졸업 후 첫 사회생활을 비서로 시작한 필자는 보이는 듯 보이지 않는 비서 업무를 통해 사회생활에 필요한 기본 소양을 기를 수 있었으며 전문적인 업무 처리 방식, 기업 운영의 흐름, 서비스인으로서의 자질을 배울 수 있었다. 이러한 소중한 경험은 큰 자부심이 되었으며, 졸업 후 취업을 희망하는 여러 제자들에게 이 직업을 추천한다고 말하고 싶다. 전문 비서를 꿈꾸는 많은 제자들에게 이 책이 도움이 되기를 바란다. 끝으로 든든한 버팀목이 되어 주는 사랑하는 가족에게 깊은 감사를 드린다.

2021년 1월

김세연

Foreward

Secretaries are generally responsible for being the support system of the office and management of the chief executive, and also for providing necessary information and support to the leaders of the organization in order to achieve high work performance. Professional secretaries are key members in helping to promote synergy in management activities. In recent years, professional secretaries have become employed in various fields according to the size of the company and the type of industry, and as long as companies exist, the demand for secretarial positions will be consistent in the future.

In this new, changing work environment, companies want employees who excel in their work and can freely handle diversified business processes efficiently. The role of the secretary should also actively respond to these changes. In addition, as the operations of most companies are becoming globalized, the use of English by secretaries in charge of increasing exchanges between countries has become a necessity, rather than an option. For various types of secretary work, such as international phone calls, foreign visitors, reservations, instructions, and reports necessary for international conferences, proper communication in English is required. Accordingly, companies hope to hire a professional secretary who can perform various international tasks with excellent English proficiency and a capacity for other cultures.

This book contains strategies to develop the role of the secretary in a changing era and to strengthen the competence of professional secretaries in the era of globalization.

- This textbook consists of 12 chapters and uses the latest reorganization of the secretarial exam qualification system.
- Chapters 1 to 8 are divided into practical secretary work, and chapters 9 to 12 are divided into office English conversation. The book is organized to prepare students for the secretarial qualification exam in a highly efficient way.
- The section on practical secretary work consists of general secretary work such as telephone work, visitor response, schedule management, business trip reservations, meetings, and reporting work. The personal relations and stress management part of the secretary role, which has recently gained wide interest, has also been added.
- The office English conversation section consists of telephone response, visitor response, reservations according to schedule, instructions, and reports. Key words and expressions are organized corresponding to each chapter for students to practice through dialogue.
- Summaries of each unit can also be found throughout the book for students to familiarize themselves with the important contents of each unit.

We sincerely hope that this book will help all students dreaming of becoming professional secretaries. We wish you great luck in your success!

Kathryn Hamang

차 례

CHAPTER

03 내방객 응대 업무

CHAPTER

04 일정 관리 업무

CHAPTER

출장 및 예약 관리 업무

CHAPTER 06

회의 관리 업무

CHAPTER

보고, 지시 및 정보 관리 업무

CHAPTER

08

인간관계 및 스트레스 관리 업무

PART 2 사무 영어회화

CHAPTER

09 전화 응대

CHAPTER

10 내방객 응대

PART

1

실전 비서실무

오늘날 우리는 4차 산업 혁명의 시대로 진입했다. 가상현실(VR), 인공지능(AI) 등이 우리의 일반적인 생활을 지배하는 차세대 산업 혁명 시대에는 기계가 우리의 일자리를 대체할 것이라 예상하고 있다. 하지만 인간만이 지닌 고유의 역량인 감성과 상호작용 능력은 아무리 진보한 첨단 기계라 할지라도 대체할 수 없을 것이다. 대표적인 산업으로 서비스 산업을 꼽을 수 있으며, 그 중 전문직 비서의 요청은 꾸준히 증가할 것으로 보인다.

더불어 급변하는 사회의 흐름에 빠르게 적응하고 상사의 업무를 전반적으로 보좌하는 비서는 기업에 꼭 필요한 존재가 되었다. 제1부에서는 이러한 전문 비서로 거듭나기 위해 실질적인 비서 업무의 전반적인 내용을 학습하도록 한다.

PART

1 실전 비서실무

CHAPTER

01

비서의 정의 및 역할

1. 비서의 다양한 정의를 이해할 수 있다.
2. 전문적인 비서가 되는 데 필요한 역량을 파악할 수 있다.
3. 비서의 직업윤리를 이해할 수 있다.

기업 환경은 하루가 다르게 급변하고 있으며, 다양한 경쟁 구도 속에서 성공적인 기업으로 자리매김하기 위해서는 기업을 운영하는 경영자의 역할과 능력이 중요하지 않을 수 없다. 하지만 방대한 양의 업무와 많은 의사결정을 경영자가 혼자만의 힘으로 처리하기는 여러 가지 면에서 어렵다. 이에 따라 경영자 혹은 관리자를 업무적으로 보좌하는 비서의 역할이 점차 더 강조되고 있다. 오늘날 비서의 역할은 단순히 업무 지시와 사무 보조 역할을 하던 과거와 달리 글로벌화되는 기업의 흐름에 맞게 그 영역이 확장되고 있다.

1장에서는 업무 효율을 높이기 위해 전문지식을 바탕으로 상사의 의사결정을 최대한 돕고, 상사에게 필요한 최적의 정보를 제공하며, 상사와 기업의 대내외적 이미지 제고를 위해 투철한 직업정신을 발휘하는 비서에 대해 알아본다.

1 비서의 정의

비서를 뜻하는 영어 단어 'Secretary'는 라틴어 'Secretarius'에서 유래한 말로 비밀을 뜻하는 'Secret'에서 파생되었다. 즉 비서는 업무나 조직과 관련된 사항의 기밀을 유지하고 그만큼 상사나 기업에게 신뢰를 주어야 하는 사람임을 알 수 있다. 일반적으로 비서는 경영자나 관리자가 업무에 전념할 수 있도록 보좌하는 역할을 수행한다.

비서의 정의를 좀 더 구체적으로 살펴보면 다음과 같다.

1) 표준국어 대사전

일부 중요한 직위에 있는 사람에게 직속되어 있으면서 기밀문서나 사무를 맡아 보는 직위 또는 그 직위에 있는 사람이다.

2) 옥스퍼드 사전

A person who works in an office, working for another person, dealing with mail and phone calls, keeping records, arranging meetings with people, etc.

비서란 사무실에서 근무하며 다른 누군가를 위해 일하는 사람이다. 전자메일과 전화 업무를 관리하고, 업무내용을 기록하며 직장 사람들과 회의를 준비하는 역할을 한다.

The person who is in charge of the department that deals with the running of a large international or political organization

비서란 대규모의 국제 및 정치기관 운영을 관리하는 부서를 총괄하는 역할을 하는 사람이다.

3) 세계비서협회(International Association of Administrative Professional : IAAP)

An executive assistant who possesses a mastery of officials skills, demonstrates the ability to assume responsibility without direct supervision, exercises initiative and judgement, and makes decisions within the scope of assigned authority.

비서란 숙달된 사무기술을 보유하고, 직접적인 감독 없이 책무를 맡는 능력을 발휘하고 솔선수범하는 태도와 판단력을 가지고 주어진 권한 범위 내에서 결정을 내릴 수 있는 보좌관이다.

4) 한국비서협회

경영자 또는 관리자가 그들 본연의 업무에 전념할 수 있도록 보좌하는 사람이다.

2 비서의 자질

비서는 경영자나 관리자가 수행하는 경영적, 사무적 업무의 처리가 원활하도록 돕는 중요한 역할을 한다. 본인의 업무가 곧 한 기업의 업무라는 마음가짐으로 모든 일을 정확하게 처리해야 함은 물론이고 중요한 업무의 기밀성을 유지하여 상사와 동료들의 신뢰를 얻어야 한다. 업무에 대한 창의적이고 능동적인 방법을 고안해 낼 수 있어야 하며 상사의 지속적인 감독이 없어도 상황 판단력을 가지고 자율적으로 업무를 처리할 수 있어야 한다.

2.1 책임감(Responsibility)

비서가 지녀야 하는 자질 중 가장 중요하다고 할 수 있는 것이 바로 책임감이다. 상사나 관리자를 보좌하는 2인자의 업무라는 생각에서 벗어나 본인의 업무가 곧 기업의 업무라는 생각으로 맡은 모든 업무에 대해 책임감을 지녀야 한다. 당장에 눈에 보이는 업무 성과나 실적 등에 반영되지 않는다고 해서 업무를 적당히 생략하거나 다른 누군가가 할 것이라는 안일한 생각은 비서에게 바람직한 자세가 아니다. 따라서 비서는 나의 일이 기업의 일이고 기업의 일이 나의 일이라는 철저한 책임감으로 모든 업무를 수행해야 한다.

2.2 정확성(Accuracy)

숫자, 날짜, 시간, 장소, 비용 등 비서가 다루어야 하는 업무 범위는 무척 다양하다. 이러한 일 처리에서 실수가 잦다면 상사, 직원, 심지어 고객까지 비서와 기업을 신뢰할 수 없게 된다. 여러 번 확인하는 습관과 집중력으로 업무를 실수 없이 완벽하게 처리하는 능력은 비서의 중요한 자질 중 하나이며, 그 정확성은 완벽한 비서의 밑거름이 된다고 할 수 있다.

2.3 적극성(Initiative)

상사에게서 단순히 보고받고 정해진 범위 내에서만 일을 처리한다면 전문적인 비서로 그이상 발전할 수 없다. 주어진 업무 처리 외에도 더 새롭고 창의적이며 효율적인 방안 등을 고안해 낼 수 있어야 하며 상사의 지속적인 감독과 지시가 없더라도 스스로 일을 처리할 수 있어야 한다. 또한 비서 본인이 할 수 있는 또 다른 업무가 있는지 찾아보는 적극적인 태도는 상사에게는 신뢰를 주고, 직원들에게는 모범이 된다.

2.4 적응력(Adaptability)

비서가 속한 환경과 인간관계에 뛰어난 적응력을 발휘해야 한다. 상사의 기호와 업무 처리 방식에 빠르게 적응하여 원하는 방향으로 일을 처리하여 상사의 업무 처리를 효율적으로 도와야 하며, 직원들과의 관계에서도 뛰어난 적응력으로 안정적인 인간관계를 유지해야 한다. 선배, 동료, 후배와의 관계에서 공적 내용과 사적 내용을 적절히 조율하여 상사와 직원의 연결고리 역할을 하여 비서를 통해 모든 집단이 서로를 신뢰하는 소통을 할 수 있게 해야 한다.

2.5 친절(Kindness)

비서는 기업을 대표하는 직원으로, 외부인들이 회사나 상사를 긍정적으로 인식할 수 있도록 밝은 태도를 유지해야 한다. 긍정적 · 적극적인 사고, 말투와 태도 등 비서는 내면에 지닌 마음가짐이나 외면으로 드러나는 행동을 통해 건강하고 밝은 직장 문화를 형성할 수 있으며, 이는 대외적으로 호의적인 회사 이미지를 창출할 뿐만 아니라 상사와 직원들의 업무 처리에도 긍정적 영향을 미친다. 비서의 친절이 기업의 내일을 바꿀 수 있다는 사실을 명심하자.

3 비서의 역할 및 역량(지식, 태도, 기술)

3.1 비서의 역할

비서는 과거 상사의 지시나 명령에 따르는 단순한 업무부터 오늘날 상사 업무의 효율성을 극대화하기 위한 업무까지 업무 범위가 넓어지면서 수행해야 할 역할도 다양해지고 있다. 비서의 업무를 유형별로 분류하여 체계적으로 이해하고, 업무를 처리할 때 지켜야 할 중요한 원칙을 숙지하며, 바른 직업윤리를 바탕으로 전문 비서의 역량을 함양하도록 한다.

3.2 비서 업무의 유형

1) 반복되는 일상 업무

매일 반복적으로 발생하는 업무를 말한다. 이메일 확인, 전화 응대, 내방객 응대, 우편물 처리, 각종 서류 처리 업무 등이 있다.

2) 지시를 받아 수행하는 업무

상사의 지시가 있을 때 주어진 시간 내에 수행해야 하는 업무를 말한다. 출장 관련 예약 업무, 보고서 작성을 위한 문서 업무, 일정 관리 업무 등이 있다.

3) 창의력을 발휘하는 업무

상사가 수행하는 업무의 효율을 올리기 위한 업무를 말한다. 회의와 출장과 관련된 자료 준비, 새로운 사내 서식 개발 등이 있다.

4) 우선순위를 설정하여 진행하는 업무

기존에 정해진 업무의 우선순위를 기반으로 예상치 못한 상황이 발생했을 때 상사의 지시를 받아 유동적으로 순서가 변경되는 업무를 말한다. 긴급회의, 출장 등이 있다.

3.3 업무 처리의 중요 원칙

- 철저히 준비하여 일을 시작하고 끝난 후에는 정리해 두어 다음 업무와 연계되도록 한다.
- 모든 서류작업 시에는 작성 일자를 기록한다.
- 모든 서류는 일정한 기준에 따라 정리 및 보관, 관리한다.
- 기업의 중요한 사항에 대해서는 기밀성을 유지한다.
- 업무를 즉시 처리할 일, 특정 기간 내에 처리할 일, 수시로 할 일 등으로 구분하여 체계적으로 수행한다.

- 상사의 가치관과 업무 방식을 고려하여 업무 순위를 정한다.

3.4 비서의 직업윤리

1) 기밀 유지

- 비서가 처리하는 모든 사내 문서는 세심한 주의를 기울여 노출되지 않도록 한다.
- 회사 내의 기밀사항을 알고 있더라도 타인에게 발설하지 않는다.
- 방문객과 통화하거나 사내 직원들과 대화할 때 상사의 일정에 대한 직접적인 정보를 말하기보다 유연하게 대처하여 말한다.

2) 신뢰성

- 항상 진실된 태도와 마음가짐으로 근무한다.
- 비서가 처리하는 모든 업무에 실수가 없도록 확인한다.
- 추측하여 보고하거나 사실과 무관한 보고는 하지 않는다.
- 상사와 약속한 시간은 반드시 지킨다.

3) 예의 및 품위 유지

- 상사나 고객을 대할 때 항상 예의를 갖추어 정직하게 행동하고 말하여 상대방으로부터 신임을 얻는다.
- 비서는 기업의 대표라는 마음가짐으로 지위에 맞는 복장을 하고 태도를 가지며 품위 유지를 위해 항상 노력한다.

4) 자기 개발

- 비서의 전문성을 증진하기 위해 다양한 비서 교육과 학회 등에 참여하여 발전할 수 있는 기회를 도모한다.
- 제2외국어 능력을 향상하여 국제 감각을 기르고 타 문화에 대한 포용력을 넓힌다.
- 시사, 경제, 사회 문제와 같은 다양한 정보를 습득하여 다방면으로 유능한 능력을 기르도록 한다.

5) 주인의식

- 비서는 업무와 기업에 대해 책임감을 가지고 능동적으로 일을 처리한다.
- 개인적 상황이나 사정으로 회사의 업무에 지장을 주지 않도록 사적 생활과 공적 업무를 철저히 분리하며 비용 처리와 비품 관리도 정직하고 투명하게 하도록 한다.

1. 비서의 정의

- 업무나 조직에 있어서 관련된 사항의 기밀을 유지하고 상사나 기업에게 신뢰를 주어야 하는 사람
- 일부 중요한 직위에 있는 사람에게 직속되어 기밀문서나 사무를 맡아 보는 직위
- 경영자나 관리자가 업무에 전념할 수 있도록 보좌하는 역할

2. 비서의 자질 5가지

- 책임감(Responsibility)
- 정확성(Accuracy)
- 적극성(Initiative)
- 적응력(Adaptability)
- 친절함(Kindness)

3. 비서 업무의 유형

- 반복적인 일상 업무
- 지시받아 수행하는 업무
- 창의력을 발휘하는 업무
- 우선순위를 설정하여 진행하는 업무

4. 업무 처리의 중요 원칙

- 모든 서류 작업 시에는 작성 일자를 기록
- 모든 서류는 일정한 기준에 따라 정리 및 보관, 관리
- 기업의 중요한 사항에 대해서는 기밀성을 유지
- 상사의 가치관과 업무 방식을 고려하여 업무 순위를 설정

5. 비서의 직업윤리

- 기밀 유지
- 신뢰성
- 예의 및 품위 유지
- 자기 개발
- 주인의식

CHAPTER

02

전화 응대 업무

1. 전화 업무의 기본 조건을 이해할 수 있다.
2. 전화 업무 처리의 유의사항을 이해할 수 있다.
3. 상황에 따른 전화 연결 방법과 전화의 부가 서비스를 이해할 수 있다.

양방향 의사소통 및 업무와 관련된 중요한 정보를 전달하기 위해 기업에서 사용하는 중요한 매체는 바로 전화이다. 기업을 대표하는 상사는 많은 전화를 걸거나 받게 되므로 이 업무를 대신 수행하여 상사 업무의 효율을 높이는 것도 비서의 중요한 역할이라고 할 수 있다.

비서의 예의 바른 전화 응대는 상대방에게 기업과 상사의 긍정적 이미지를 제고하게 할 뿐만 아니라 사내 직원들에게는 따뜻한 기업 문화를 형성하게 할 수 있는 중요한 밑거름이 된다. 또한 스마트폰의 등장으로 오늘날 비서의 전화 응대는 더 효율적이고 다양해졌으며 이는 비서의 업무 처리에도 큰 영향을 미치고 있다.

2장에서는 비서의 전화 응대 업무에 대해 알아보고 상황별 전화 연결, 국제 전화 사용법과 기타 부가 서비스의 기능에 대해 알아본다.

1 전화 응대의 기본 조건

대면을 하지 않더라도 상황과 감정 등을 충분히 전달할 수 있는 것이 바로 전화이다. 비서의 예의 바르고 올바른 전화 응대는 기본적으로 상대방의 기분을 안정시키고 나아가 원활한 업무 처리의 지름길이라는 사실을 기억하도록 한다.

- 모든 전화를 걸고 받을 때에는 친절하고 공손한 목소리를 기본으로 한다. 전화는 기업과 상사의 이미지를 대신 전달하는 효과를 낸다.
- 올바른 전화 응대 용어를 사용하여 상대방을 존중하고 품격 있는 기업 이미지를 전달하도록 한다.
- 간단명료한 전화 통화를 기본 원칙으로 하며 사적인 대화는 하지 않는다.
- 불쾌한 감정을 목소리나 화법으로 드러내지 않는다.
- 매우 작거나 큰 목소리는 원활한 소통을 저해하므로 적절한 목소리 톤과 정확한 발음을 유지한다.

2 전화 업무 처리

전화를 걸고 받을 때에는 음성만으로 업무가 이루어지기 때문에 기본적인 예절이 매우 중요하다. 그 예절은 기업의 문화나 상사의 유형에 따라 다양하겠지만, 전화를 걸 때와 받을 때, 그 밖의 상황에 따른 일반적인 요령은 다음과 같다.

2.1 전화 걸 때 유의사항

- 전화를 걸기 전에 이야기할 내용, 상대방의 연락처와 성명, 소속, 직급 등을 한 번 더 확인하여 실수를 줄인다.
- 상대방이 전화를 받으면 자신의 소속과 성명을 밝히고 간결하게 용건을 말한다.
- 상대방이 이해하기 쉽게 용건을 말하며 중요한 내용은 복창하여 전달한다.
- 통화를 끝내기 전에 전달사항을 다시 한번 확인한다.
- 출퇴근 시간 외, 점심시간 등에 전화를 걸어 상대방의 개인 시간을 방해하지 않도록 한다.
- 통화 중 다른 사람과 대화를 하여 상대방에게 불쾌감을 주지 않도록 한다.
- 업무와 관련된 전화는 전화를 건 쪽에서 먼저 끊는 것이 일반적이지만 상대방이 윗사람일 경우에는 상대방이 먼저 끊고 나서 수화기를 내려놓는 것이 예의이다.

2.2 전화 받을 때 유의사항

- 전화벨이 세 번 이상 울리기 전에 받는다. 상대방이 업무상의 일로 전화를 했을 때 비서의 즉각적인 반응은 상대방에게 준비되어 있는 비서의 모습을 보여 줄 뿐만 아니라 업무의 효율적인 처리를 기대할 수 있게 한다.
- 전화를 받을 때에는 소속과 성명을 정확하게 말한다. "안녕하십니까? 비서실 ○○○입니다."와 같은 인사말로 전화를 받아 긍정적인 상사와 기업의 이미지를 나

올바른 전화 응대 용어

번호	바람직하지 않은 표현	바람직한 표현
1	안녕하세요?	안녕하십니까?
2	우리 회사	저희 회사
3	데리고 온 사람	모시고 온 분
4	누구십니까?	어느 분이십니까?
5	OO 씨입니까?	OO 부장님 되십니까?
6	잠깐만 기다려 주십시오.	(죄송합니다만) 잠시만 기다려 주시겠습니까?
7	잠깐 자리에 없습니다.	죄송합니다. 잠시 자리를 비웠습니다.
8	전화 주십시오.	전화를 주시겠습니까?
9	다시 한번 말해 주십시오.	다시 한번 말씀해 주시겠습니까?
10	알았습니다.	잘 알겠습니다.
11	모르겠습니다.	죄송합니다만, 제가 알아봐 드리겠습니다.
12	알아봐 주십시오.	확인해 주시겠습니까?
13	다른 전화를 받고 있으니 기다리세요.	다른 전화를 받고 있습니다. 잠시만 기다려 주시겠습니까?
14	나중에 전화드릴게요.	잠시 후에 전화드리겠습니다.
15	그런 사람 없습니다.	죄송합니다만, 찾으시는 분은 저희 회사의 종사원이 아닙니다.
16	들리지 않아요. 뭐라고요?	죄송합니다. 전화 상태가 좋지 않으니 다시 한번 말씀해 주시겠습니까?
17	고마워요.	감사합니다.
18	전화 돌려 드릴게요.	전화를 연결해 드리겠습니다.

타낸다.

- 상대방의 소속과 성명을 정확히 확인한다.
- 중요한 내용과 숫자 등은 메모하는 습관을 기른다. 실수를 줄이고 정확한 정보 전달을 위해 통화 중 언급되는 중요한 내용과 숫자 등은 메모한다.
- 용건이 끝나면 내용을 요약하고 정확히 확인하여 전화 내용을 완전히 파악한다.
- 예의를 갖추어 마무리 인사를 하고 상대방이 전화를 끊고 나서 수화기를 내려놓는다.

2.3 상황별 전화 예절

1) 상사 대신 전화를 걸 때

- 상사보다 높은 직위의 사람에게 전화할 때에는 상대방 비서와 먼저 통화하는 것이 기본 원칙이며 상사의 부탁으로 전화했음을 밝힌다.
- 직급이 낮은 상사가 먼저 수화기를 들고 기다리도록 중재하는 것이 기본 예절이다.
- 직급이 비슷할 경우 동시에 수화기를 들 수 있도록 상대방 비서와 협의한다.

2) 상사가 부재중이거나 통화 중일 때

- 우선 상사의 부재 이유를 상세하게 밝히지 않는다.

> "사장님이 잠시 자리를 비우셨습니다. 사무실에 들어오시는 대로 전화 내용을 전달하겠습니다."
> "사장님이 외근 중이십니다. 오후 1시쯤 들어오실 예정입니다. 급하신 내용이면 문자로 먼저 연락드리도록 하겠습니다."

- 전화를 건 상대방의 소속과 성함, 용건을 확인하여 메모해 두었다가 상사가 돌아오는 즉시 구두로 알린다.

> "사장님, 대한기업 ○○○ 부장님이 오후 2시에 미팅과 관련해 전화하셨습니다."

- 상사가 통화 중일 경우 상대방에게 양해를 구하고 더 기다릴 것인지 여부와 직급에 따라 다시 전화를 할 것인지 이쪽에서 걸어 주어야 할 것인지를 확인한다.

"사장님께서 지금 통화 중이십니다. 잠시만 기다려 주시겠습니까?
"죄송합니다만, 사장님 통화가 길어지는 것 같습니다. 잠시만 더 기다려 주시겠습니까?"
"죄송합니다. 사장님 통화가 길어지는 것 같습니다. 괜찮으시다면 30분 후에 다시 전화 주시겠습니까?" (직급이 낮은 경우)
"죄송합니다. 사장님 통화가 길어지는 것 같습니다. 끝나는 대로 저희가 전화 드리는 것은 어떠신지요?" (직급이 높은 경우)

3) 전화를 끊을 때

- 일반적으로 전화를 건 쪽에서 먼저 끊는 것이 원칙이나 상대방이 손윗사람이거나 고객일 경우 상대방이 끊고 나서 수화기를 내려놓는다.
- "감사합니다. 안녕히 계십시오."와 같은 끝인사를 잊지 않는다.
- 전화가 끊긴 경우에는 "전화가 도중에 끊어져 다시 전화 드립니다."와 같은 말로 전화를 걸었던 쪽에서 다시 건다.

3 상황별 전화 연결

업무상 전화를 연결하는 일이 빈번히 일어나므로 올바르게 전화를 연결하는 것은 무척 중요하다. 상사에게 전화를 연결할 때와 타 부서로 연결할 때를 구분하고, 연결이 끊긴 경우 등 다음의 요령을 익혀 다양한 상황에 유연하게 대처하도록 한다.

- 전화를 건 상대방의 소속과 성명, 용건을 정확히 확인하고 상사의 재실 여부는 먼저 말하지 않도록 한다.
- 상사가 전화 받기를 원할 경우 보류 버튼을 눌러 상대방의 소속과 성명, 용건을 간단히 전하고 연결한다.
- 즉시 연결이 힘들 경우 "잠시만 기다려 주십시오."와 같은 말로 상황을 알린다.
- 상사가 바쁘거나 통화 중이라면 상대방에게 더 기다릴 것인지, 아니면 다시 전화를 걸 것인지 여부를 확인한다.
- 상사의 전화 통화나 업무가 길어질 경우, 상대방의 직위가 더 높다면 상사의 통화와 업무가 끝나는 대로 비서가 직접 전화를 연결할 것을 제안할 수 있다.

• 잘못 걸려 온 전화에도 친절히 응대하고, 화난 고객을 응대할 때에는 우선 고객의 불만사항을 충분히 듣고 공감해 주어 흥분을 진정시키도록 유도한다.

4 전화 부가 서비스

업무상 사용하는 사무실 전화기는 다양하고 효율적인 기능이 있다. 최근에 보급된 스마트폰에서는 그 기능이 세분화되었으며 이를 잘 활용할 수 있는 비서의 능력이 요구된다.

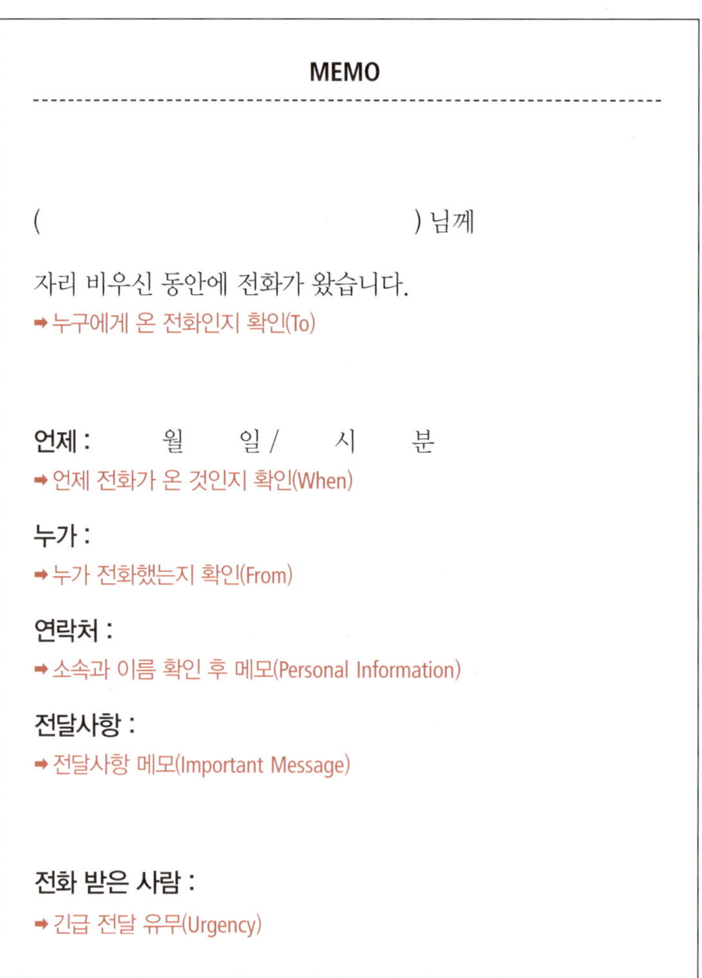
MEMO

(   ) 님께

자리 비우신 동안에 전화가 왔습니다.
➡ 누구에게 온 전화인지 확인(To)

언제 : 월 일 / 시 분
➡ 언제 전화가 온 것인지 확인(When)

누가 :
➡ 누가 전화했는지 확인(From)

연락처 :
➡ 소속과 이름 확인 후 메모(Personal Information)

전달사항 :
➡ 전달사항 메모(Important Message)

전화 받은 사람 :
➡ 긴급 전달 유무(Urgency)

전화 메모 양식

이용할 수 있는 전화 부가 서비스에는 다음과 같이 다양한 종류가 있다. 각각의 특징을 알고 필요할 때 적절한 서비스를 활용하도록 한다.

1) 회의 통화(Conference Call)

세 사람 이상이 동시에 전화로 회의할 수 있는 기능이다. 먼저 한 명의 비서가 전화를 걸어 다른 비서들과 전화를 연결한다.

2) 착신전환

걸려 온 전화를 다른 번호에서도 받을 수 있도록 전화의 착신을 전환하는 서비스이다.

3) 발신번호 표시

전화를 건 상대방의 유선 또는 무선 전화기의 번호를 표시하는 기능이다.

4) 음성생활정보(ARS : Audio Response System)

다양한 정보를 음성으로 제공하는 서비스로 유선 또는 무선 전화기에서 모두 사용할 수 있다. 정보별로 이용료나 통화료가 부과될 수 있다.

5) 부재중 안내 서비스

부재중으로 상대방의 전화를 받을 수 없는 경우 자동으로 이를 알려 주는 서비스이다.

6) 로밍 서비스(Roaming Service)

로밍이란 '돌아다니다'의 의미로, 통신 사용자가 국내가 아닌 그 외 통화권에서 통신하고자 할 때 이용하는 서비스이다. 국가별, 통신사별로 그 기능과 요금제가 다양하므로 미리 확인하여 신청한다. 최근에는 데이터 속도와 통신비용을 고려하여 현지 USIM을 구입해 사용하기도 한다.

1. 전화 응대의 기본 조건

- 모든 전화 업무는 친절함과 공손한 목소리가 기본
- 올바른 전화 응대 용어를 사용하여 상대방을 존중하고 품격 있는 기업 이미지를 전달
- 간단명료한 전화 통화는 기본 원칙
- 불쾌한 감정을 목소리나 화법으로 나타내지 않음
- 적절한 목소리 톤과 정확한 발음을 유지

2. 전화 걸 때 유의사항

- 전화를 걸기 전에 이야기할 내용, 상대방의 연락처, 성명, 소속, 직급 등을 확인
- 상대방이 전화를 받으면 자신의 소속과 성명을 밝히고 용건을 간결하게 말함
- 상대방에게 중요한 내용은 복창하여 전달
- 통화를 끝내기 전에 전달사항을 다시 한번 확인
- 전화를 걸어 상대방의 개인 시간을 방해하지 않도록 함
- 통화 중에 다른 사람과 대화하여 상대방에게 불쾌감을 주지 않도록 함
- 업무와 관련된 전화는 전화를 건 쪽에서 먼저 끊는 것이 일반적임

3. 전화 받을 때 유의사항

- 전화벨이 세 번 이상 울리기 전에 받음
- 전화를 받을 때에는 소속과 성명을 정확하게 밝힘
- 상대방의 소속과 성명을 정확히 확인
- 중요한 내용과 숫자 등은 메모하는 습관을 기름
- 용건이 끝나면 내용을 요약하고 정확히 확인
- 예의를 갖추어 마무리 인사를 하고 상대방이 전화를 끊고 나서 수화기를 내려놓음

4. 전화 메모 시 주의사항

- 누구에게 온 전화인지 확인(To)
- 언제 전화가 온 것인지 확인(When)
- 누가 전화를 했는지 확인(From)
- 소속과 이름을 확인한 후 메모(Personal Information)
- 전달사항을 메모(Important Message)
- 긴급 전달 유무를 확인(Urgency)

CHAPTER

03

내방객 응대 업무

학습 목표

1. 내방객 응대에 필요한 원칙을 파악하고 기본적인 준비 업무를 이해할 수 있다.
2. 내방객을 맞이하는 요령을 이해할 수 있다.
3. 다양한 상황별 내방객 응대 요령과 예절을 습득할 수 있다.
4. 내방객 맞이 후 전송 요령을 이해할 수 있다.

성공적인 비즈니스를 위해 상사는 많은 고객을 만나게 되며 이에 따라 다양한 내방객이 회사에 방문하게 된다. 이때 기업을 방문하는 내방객이 처음 만나는 사람이 바로 상사를 보좌하는 비서이며 비서의 내방객 응대 태도는 상사와 회사의 이미지에 큰 영향을 미친다. 나아가 회사 신용과 경영 성과에도 영향을 미칠 수 있다.

따라서 비서는 투철한 서비스 정신, 친절, 예의 바른 태도 등을 바탕으로 방문객 한 분 한 분을 성심성의껏 대하며 회사 이미지를 격상시킬 수 있도록 매 순간 진심으로 방문객을 응대해야 한다. 3장에서는 내방객을 맞이하고 다과를 대접하며 전송하는 비서의 응대 원칙과 상황에 맞는 내방객 응대 요령과 예절을 알아본다.

1 내방객 응대 기본 원칙

내방객을 응대할 때 지켜야 할 다음과 같은 기본 원칙이 있다. 비서로서 격식을 갖추고 기본 원칙을 잘 지켜 내방객에게 호의적인 인상을 주도록 한다.

- 비서의 응대 태도는 기업 이미지에 큰 영향을 주므로 항상 예의 바르고 정중한 태도로 내방객을 대한다.

- 상사의 기호를 파악하여 내방객 응대의 효율성을 높인다.
- 자주 방문한 내방객 또는 전화 통화를 자주 한 내방객의 방문 시 성명과 회사명, 직위와 같은 기본 정보를 미리 알고 있어야 한다.
- 내방객의 신분이 확인되어야 면담이 가능하므로 이를 정중하게 파악한다.
- 약속시간보다 일찍 도착한 내방객은 양해를 구하고 대기실로 안내한다.
- 약속시간보다 늦는 내방객은 정중하게 이유를 여쭤 본 후 이를 상사에게 알리고 다음 지시를 기다린다.

2 내방객 응대 준비 업무

사전 약속을 한 내방객이 방문하는 경우 사전에 중요 사항 등을 미리 확인할 필요가 있다. 다음의 준비 업무를 잘 확인하여 유연하게 내방객을 맞이하도록 한다.

- 내방객의 기본 정보(회사명, 직책, 방문 목적)를 파악해 둔다.
- 내방객의 방문 일자, 시간, 동행인 등을 확인한다.
- 내방객의 기호(차 또는 식사)를 미리 파악해 둔다.
- 오찬 후 방문할 때에는 운전기사에게 미리 부탁하여 도착 예정 시간을 확인해 둔다.

3 내방객 맞이

내방객을 맞이할 때 기본적으로 지켜야 할 순서가 있다. 올바른 순서로 내방객을 맞이할 경우 전문 비서로서의 역량을 보여 줄 뿐만 아니라 내방객에게 방문하는 회사에 대한 긍정적 이미지를 줄 수 있다.

3.1 인사

- 내방객이 들어오면 자리에서 일어나 공손히 인사한다.
- 중요한 손님의 방문일 경우, 방문 시간에 맞추어 알맞은 장소에서 대기한다.

- 미소와 부드러운 표정으로 내방객을 맞이하며 눈을 맞추어 응대한다.
- 내방객이 회의실로 들어갈 때에는 가벼운 목례로 인사를 대신한다.
- 내방객이 질문을 할 경우 주의 깊게 듣고 명료하게 대답한다.

3.2 내방객 확인

- 내방객의 성함과 소속단체, 방문 목적, 사전 약속 유무를 확인한다.
- 처음 방문하는 내방객에게는 공손하게 성함과 방문 목적을 확인한다.
- 기존에 방문한 적이 있는 내방객은 성함과 회사명 등을 기억하여 두었다가 간단한 인사를 한다.
- 내방객의 회사명을 약칭하여 부르지 않고 내방객은 경칭으로 호칭한다.

4 상황별 내방객 응대

비서는 내방객이 선약을 한 경우와 선약 없이 방문한 경우를 구분하여 내방객을 맞이한다. 다음의 각 상황에 맞는 적절한 응대 방법을 숙지하여 실수를 줄이도록 한다.

4.1 선약된 내방객 응대

- 방문 날짜, 시간 등을 안내 데스크에 미리 알려 내방객을 맞을 준비를 한다. 안내 데스크가 없으면 비서가 현관 또는 엘리베이터 앞에서 직접 내방객을 맞이한다.
- 회의실 예약과 사전 미팅 자료 준비 등으로 시간을 지체하지 않도록 한다.
- 밝은 미소로 내방객을 응대하며 상사의 집무실이나 회의실로 안내한다.
- 내방객의 물품(코트, 모자, 우산 등)은 비서가 받아 보관해 두고 돌아갈 때 잊지 않고 전달한다.

4.2 선약이 없는 내방객 응대

선약이 없는 내방객의 갑작스러운 방문에도 비서는 당황하지 않고 융통성을 가지고 내방객을 응대해야 한다. 반감을 가지거나 불친절한 태도로 내방객을 대하지 않도록 유의한다.

- 약속이 되어 있지 않은 내방객에게도 밝은 미소로 일어서서 인사한다.
- 내방객의 성함과 소속, 방문 목적 등을 정중하게 묻고 이를 상사에게 보고한다.
- 내방객이 방문의 기본 정보를 알려 주지 않을 경우 상사와의 만남이 불가능함을 알린다.

4.3 상사 부재중 선약이 없는 내방객 응대

- 밝은 미소로 일어서서 인사한다.
- 상사의 부재를 알리되 그 이유는 구체적으로 언급하지 않는다.
- 대리자가 자리에 있다면 내방객의 의향을 확인하여 만날 수 있도록 주선한다.
- 상사와의 직접 만남을 원할 경우, 내방객의 성함과 연락처를 받아 두어 상사에게 보고하고 지시를 따른다.

5 내방객 응대 예절

비서는 다양한 분야의 내방객을 만나게 된다. 비서의 상황(명함, 소개, 안내, 상석, 다과 예절 등)에 맞는 예의 바른 태도는 비서의 전문성을 돋보이게 한다. 다음의 상황별 예절을 숙지하여 내방객에게 긍정적인 기업 이미지를 심어 주도록 한다.

5.1 명함

명함이란 처음 만나는 사람에게 자신의 신상을 알리는 일종의 신분증이다. 비즈니스 자리에서 자신의 얼굴과도 같은 명함을 주고받을 때의 예절을 숙지하여 격식 있는 비서의 모습을 보여 주도록 한다.

- 명함은 인사를 하면서 왼손으로 받쳐서 오른손으로 건네거나 두 손으로 건네되 상대방 쪽에서 이름이 바로 보이게 하여 건넨다.

- 회사명과 이름을 밝히면서 건넨다.
- 손아랫사람이 손윗사람에게 먼저 건넨다.
- 상대방이 두 명일 경우 윗사람에게 먼저 건넨다.
- 명함을 받을 때에는 두 손으로 공손히 받고 상대방의 회사명과 성명, 직책 등의 정보를 읽은 후 혹시 모르는 한자나 약자 등은 뒷면의 영어 이름을 참고하고 그래도 모를 경우 그 자리에서 정중하게 물어본다.
- 받은 즉시 가방이나 명함꽂이에 넣지 말고, 테이블 옆에 두어 대화를 나눈 후에 집어 넣는다.
- 명함의 끝을 접거나 구겨서 넣지 않는다.
- 명함을 맞교환할 때에는 왼손으로 받고 오른손으로 건넨다.
- 상대방의 특징과 기억해야 하는 간단한 내용 등은 상대방과 헤어진 후에 명함 뒷면에 기록한다.
- 명함은 주기적으로 정리하며 상사의 선호도와 업무에 따라 효율적으로 보관, 관리한다.

5.2 소개

비서는 상사와 내방객의 중간자 입장이 되는 경우가 많으므로 내방객 맞이와 더불어 소개하는 방법도 잘 알아 두어야 한다. 상대방을 소개하거나 소개받는 경우, 그 순서와 예의를 잘 파악하도록 한다.

- 소개를 하거나 받을 때 기본 자세는 바로 일어선 자세이다. 소개할 경우에는 소개하는 사람의 성명과 소속, 직책 등을 모두 소개하여 상대방이 알도록 한다.
- 직위가 다를 경우에는 직위가 낮은 사람을 높은 사람에게 먼저 소개한다.
- 성별이 다를 경우에는 남성을 여성에게 먼저 소개하는 것이 관례이다. 하지만 사회적 문화, 지위, 연령의 차이가 많이 날 경우, 이와 다르게 소개하기도 한다.
- 직급이나 연령이 같을 경우에는 소개자를 기준으로 가까이 있는 사람부터 소개한다.
- 한 사람에게 다수를 소개할 경우에는 한 사람을 여러 사람에게 먼저 소개하고 나

서 여러 사람을 차례로 소개한다.

- 동행인과 함께 다른 회사를 방문할 경우에는 동행인을 상대방에게 먼저 소개하고 난 후 자신을 소개한다.
- 단체 소개는 일관된 방향을 기준으로 한쪽 편의 단체를 소개한 후 다른 편의 단체를 소개한다.
- 연령 차이가 나는 경우에는 일반적으로 연소자를 연장자에게 소개한다. 그러나 나이가 젊은 쪽의 사회적 지위가 높거나 특별한 직위에 있는 경우에는 이를 고려하여 소개한다.
- 사내 직원을 외부 방문객에게 소개할 경우에는 사내 직원을 직급 순서에 따라 먼저 소개하고 그다음 외부 방문객도 직급이 높은 순서대로 소개한다.
- 사람을 소개할 때 사람이나 개인 정보를 빠뜨리는 것은 큰 실례이므로 유의한다.

5.3 안내

비서는 회사를 처음 방문한 손님에게 접견실이나 회의실의 위치를 친절하고 정확하게 알려 주어야 한다. 낯선 환경에서 손님이 당황하거나 불편해하지 않도록 안내하는 요령을 잘 파악하여 업무가 원활하게 진행되도록 한다.

- 항상 방문객을 기준으로 생각하고 배려하는 태도를 지닌다. 혼자 목적지를 향해 앞서 나가 방문객이 당황하지 않도록 한다.
- 방문객을 안내할 경우, 통로의 폭을 고려하여 방문객의 오른쪽 대각선 방향에 서서 방문객보다 두서너 걸음 앞서 방문객을 안내하면서 걷는다.
- 새로운 곳으로 안내할 경우, 다양한 신체 언어를 사용하는 것도 효율적인 방법이다. 눈은 방문객에게 고정하고 손은 엄지손가락을 붙이고 손바닥을 위로 한 채 허리 위치에서 뻗어 목적지의 방향을 가리킨다. 이때 한 손가락만을 사용하여 목적지를 가리키지 않는다.
- 이동 중 모퉁이가 있거나 계단을 올라야 할 경우, 이를 미리 알리고 방문객과 한두 계단 떨어져 천천히 이동한다.
- 복잡한 이동 경로의 경우, 미리 방문객에게 알린다.
- 혹시라도 방문객이 찾기 힘든 곳을 찾아가야 할 경우, 이해하기 쉬운 안내도를 그려 주어 찾아가도록 배려하고 잘 도착했는지 확인한다.

1) 복도와 계단에서의 안내

- 계단에서의 안내는 비서의 성별에 따라 다르다. 여성 비서가 계단을 오를 경우에는 방문객의 뒤쪽에 서서 오르고 내려갈 때에는 방문객의 앞에 서서 안내한다. 반대로, 남성 비서가 계단을 오를 경우에는 방문객의 앞에 서서 안내하고 내려갈 때

에는 방문객의 뒤에 서서 안내한다.

- 계단에 난간이 있는 경우, 안전을 위해 방문객이 난간 옆에 서게 한다.
- 복도에서는 방문객의 오른쪽 대각선 방향으로 두세 걸음 앞에서 이동하며 모퉁이가 있을 경우에는 이를 알리고 손으로 이동 방향을 가리킨다.

2) 엘리베이터에서의 안내

- 엘리베이터로 이동 시 탑승하기 전에 목적지의 층수를 방문객에게 알려 준다.
- 엘리베이터 승무원이 없는 경우에는 비서가 먼저 탑승한 후 열림 버튼을 눌러 다음 방문객이 탈 때까지 기다린다.
- 엘리베이터 승무원이 있는 경우에는 방문객이 먼저 타고 먼저 내린다.
- 엘리베이터에서 내릴 경우, 안전을 위해 방문객이 완전히 내릴 때까지 비서가 손으로 문을 잡고 있는다.

에스컬레이터로 이동 시 주의사항

에스컬레이터로 이동 시 상향, 하향 방향 모두 방문객이 먼저 타고 비서는 뒤에서 안내한다.

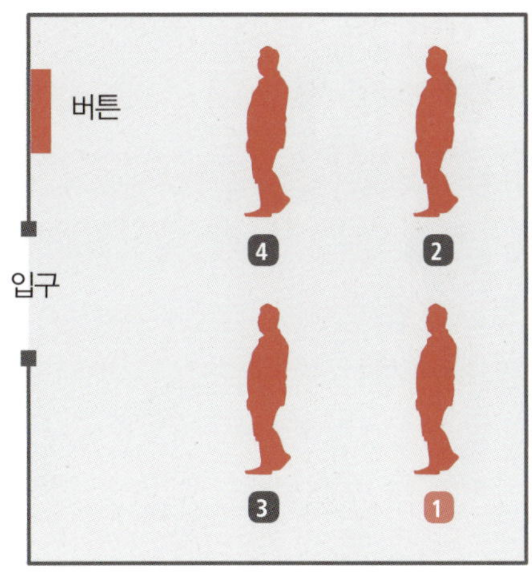

엘리베이터 상석 위치

3) 접견실/문 앞에서의 안내

- 접견실 앞에 도착하면 비서는 "이쪽으로 모시겠습니다."와 같은 인사말을 하고 노크 후 문을 연다.
- 여닫이 문일 경우(문을 당겨서 열 경우), 비서는 문을 당겨서 열고 잡은 후 방문객이 먼저 입실하도록 한다.
- 여닫이 문일 경우(문을 밀어서 열 경우), 비서는 문을 밀어서 열고 비서가 먼저 들어가 문을 잡은 후 방문객이 입실하도록 한다.

문을 당겨서 열 경우

① ② ③

문을 밀어서 열 경우

- 미닫이 문일 경우, 비서가 먼저 문을 열고 방문객이 먼저 들어가고 나갈 수 있게 안내한다.
- 자동 회전문일 경우, 방문객이 먼저 들어가고 비서가 뒤따라 들어간다.
- 수동 회전문일 경우, 비서가 먼저 들어가서 문을 밀고 방문객이 뒤따라 들어간다.

5.4 상석

모든 자리에는 상석의 기준이 있다. 비서는 상석의 조건과 위치를 파악하여 자리를 바르게 안내하도록 한다.

- 일반적으로 상석은 출입문에서 가장 멀리 있는 쪽, 소음이 적은 곳, 공간이 넉넉한 곳, 전망이 가장 좋은 쪽이다.
- 상사와 가장 가까운 오른쪽이 상석이다.
- 창문이나 액자가 있는 경우, 전망이나 그림이 보이는 곳이 상석이다.
- 여러 명의 내방객이 있을 경우에는 직급이 가장 높은 내방객이 상석에 앉도록 안내한다. 비슷한 직급의 내방객이 여러 명 있을 경우에는 연장자 순으로 자리를 안내한다.
- 사내 직원은 출입문 쪽 자리에 앉으며 그 중 직급이 높은 사내 직원이 안쪽 자리에 앉는다.

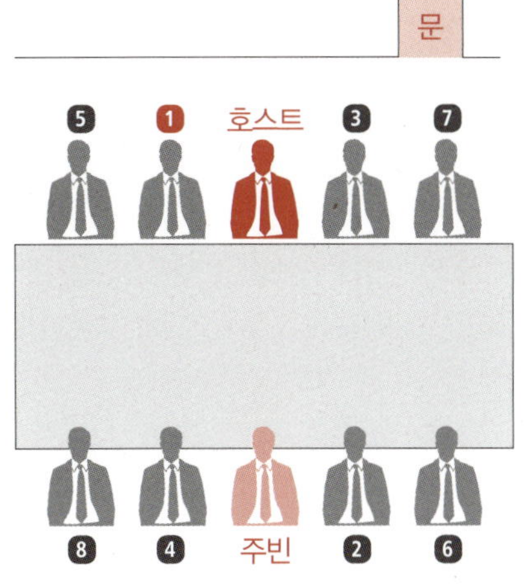

사각 테이블
(호스트와 주빈이 마주 보고 착석)

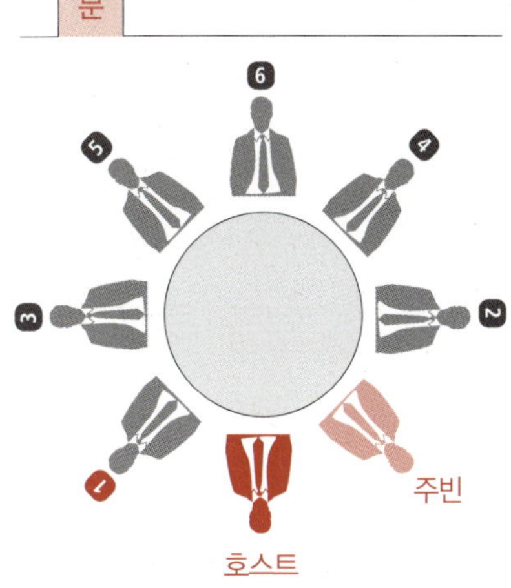

원형 테이블
(호스트와 주빈이 나란히 착석)

한편 교통수단을 이용할 때에도 상석의 위치를 알아 두어 적절하게 안내하도록 한다.

1) 자동차

자동차에서의 상석은 탑승 인원이 몇 명인지와 운전자가 누구인지에 따라 달라진다.

- 기사 한 명, 상사 한 명이 탑승할 때에는 뒷좌석 우측이 상석이다.
- 비서가 동승할 때 비서는 앞좌석 조수석에 앉는다.

- 세 명이 탑승할 때에는 뒷좌석 좌측(운전자 뒷자리)이 차석이 된다.
- 네 명 탑승 시 뒷좌석 중간 자리가 말석이 된다.
- 상사가 직접 운전할 때 비서는 조수석에 앉는다.

2) 기차

기차에서 상석은 네 명 기준으로 기차 진행 방향의 창가 쪽 자리이다.

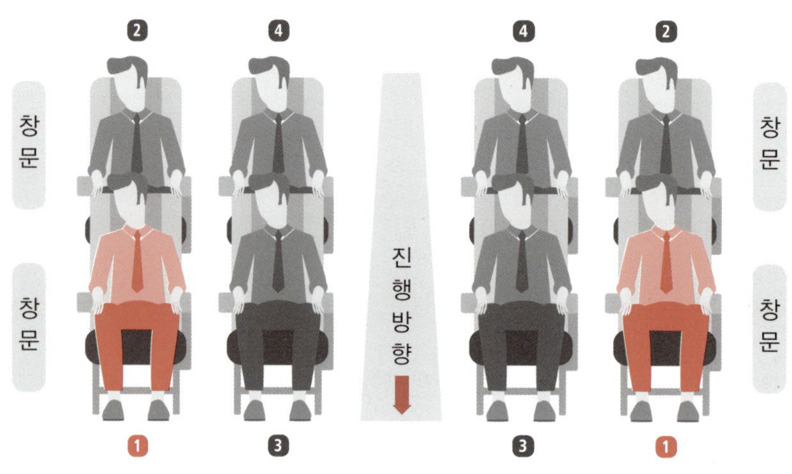

3) 비행기

비행기에서의 상석은 창가 쪽 자리이다. 하지만 장시간의 비행과 개인 선호도에 따라 통로 쪽이 상석이 되기도 한다. 세 열 자리일 때에는 중앙이 말석이다.

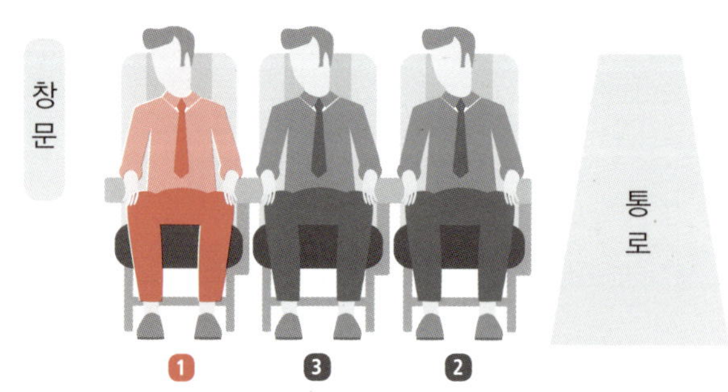

5.5 다과 접대 예절

회사를 방문한 손님에게 차를 대접하는 것은 방문객에 대한 환영과 존중을 의미하며 이는 비서와 상사, 나아가 기업을 긍정적으로 인식하게 해 줄 뿐만 아니라 업무 성과에도 영향을 미친다. 바른 다과 예절을 숙지하여 센스 있는 비서의 모습을 보여 주도록 한다.

1) 다과 접대 예절의 기본

- 손님 응대 시 필요한 차와 찻잔은 내방객의 방문 전에 미리 확인하여 여유 있게 준비하도록 한다.
- 테이블과 의자를 정리 정돈하고 먼지나 얼룩이 없는지 확인한다.
- 찻잔에 이가 나간 곳이 없는지 반드시 확인하고 찻잔과 세트를 이루어 준비하도록 한다.
- 음료는 계절, 방문객의 기호에 맞추어 준비한다.
- 자주 방문하는 손님의 경우, 기호를 잘 기억해 두어 여러 번 묻는 일이 없도록 한다.
- 처음 방문하는 손님의 경우, 상대방 비서를 통해 기호를 미리 파악해 둔다.
- 혹시 늦게 방문한 손님이 있을 경우, 늦은 손님에게만 차를 내도록 한다.
- 면담 시간이 길어질 경우, 다시 차를 드려야 할지 상사에게 조용히 여쭌다.

2) 음료와 차 준비 요령

- 음료와 차를 대접하기 전에 비서는 손의 청결 상태를 먼저 확인한다.
- 찻잔은 받침과 함께 제공하며 유리컵은 같은 모양으로 준비하고 무늬가 있는 잔은 방향과 무늬가 일치하게 제공한다.
- 차와 음료는 찻잔과 유리컵의 약 70% 정도를 채운다.
- 차의 온도는 약 70도, 커피는 약 80도 정도로 하여 너무 뜨겁지 않게 제공한다.
- 커피와 홍차는 개인의 기호가 다르므로 크림이나 설탕을 따로 제공하며, 잎차는 충분히 우려내도록 하고, 티백 이용 시 충분히 우려낸 다음 티백을 빼고 제공한다.
- 찻잔과 유리컵에 물기가 없도록 제거하고 입이 닿는 잔의 윗부분에 손을 대지 않도록 유의한다.
- 만약의 경우에 대비하여 깨끗한 종이 냅킨을 미리 준비해 둔다.

3) 다과 준비 요령

- 언제 차를 제공할지 상사와 상의하도록 한다. 일반적으로는 회의 전에 제공하며, 회의 진행 중 제공할 때에는 회의의 흐름을 방해하지 않도록 유의한다.
- 차를 제공할 때 노크 후 2~3초 후에 들어간다. 회의 중에는 노크를 하지 않는다.
- 쟁반을 왼쪽으로 쥐고 오른손으로 노크한 후 조용히 들어가며, 보조 테이블 위에 쟁반을 내려놓고 내방객에게 먼저 차를 제공한다. 보조 테이블이 없을 경우 최하급자의 좌측 끝에 내려놓는다.
- 차는 내방객의 경우 직급이 높은 순으로 제공하며, 사내 직원의 경우 역시 상급자 순으로 제공한다.
- 테이블 위에 서류와 회의 자료가 있을 경우, 이들을 한쪽으로 치운 후 차를 내려놓는다. 서류와 회의 자료 위에 찻잔을 올리지 않는다.
- 과일과 과자를 먼저 내고 차를 제공한다.
- 과일, 과자와 같은 다과를 함께 제공할 경우에 과일과 과자는 방문객의 좌측에, 차나 음료는 방문객의 우측에 놓는다.
- 차를 제공한 후에는 가벼운 목례와 함께 한두 걸음 뒤로 물러선 후 조용히 나온다.
- 회의가 두 시간 이상 길어질 경우 음료나 생수 등을 다시 제공하는 것이 좋다.
- 회의가 끝나고 방문객이 돌아간 후에 쟁반을 가지고 들어가서 찻잔과 유리컵 등을 수거하며, 테이블과 의자의 청결 상태도 확인한다.

6 내방객 전송

면담과 회의가 끝나면 내방객을 잘 배웅하는 것도 비서의 중요한 업무이다. 비서가 예의 바른 화법과 태도로 하는 배웅 인사는 내방객의 재방문 의사를 결정하므로 격식 있는 배웅 예절로 기업 이미지를 높이도록 한다.

- 업무를 마칠 시간을 대략적으로 예측하고 미리 준비하며, 혹시 일찍 끝날 경우 하던 일을 멈추고 내방객 배웅을 우선으로 한다.
- 면담 직후 회의실과 응접실을 확인하여 내방객의 물품이 남아 있는지 확인하고 비서가 보관하고 있는 물품이 있다면 잊지 않고 전달한다.
- 내방객의 직위, 상사와의 관계 정도에 따라 배웅하는 장소를 결정한다. 일반적으로 엘리베이터, 승용차 앞 등이 배웅 장소가 된다. 그 장소가 어디이든 내방객 배웅에 집중하고 내방객이 보이는 곳에서 다른 행동을 하지 않는다.
- 내방객의 의사를 미리 확인하여 내방객의 차를 현관에 대기시키는 경우도 있다.
- 밝은 미소와 인사로 내방객에게 배웅 인사를 한다.
- 내방객을 전송한 후에는 회의실과 응접실로 돌아와서 회의 자료와 비품 등을 정리하여 다음 내방객이 사용할 수 있도록 한다.

1. 내방객 응대 기본 원칙

- 항상 예의 바르고 정중한 태도로 응대
- 상사의 기호를 파악하여 내방객 응대의 효율성을 높임
- 자주 오시는 내방객의 방문 시 기본 정보를 사전에 파악
- 내방객의 신분이 확인되어야 면담이 가능하므로 이를 정중하게 파악
- 약속시간보다 일찍 도착한 내방객은 대기실로 안내
- 약속시간보다 늦는 내방객은 정중하게 이유를 여쭤 본 후 이를 상사에게 알림

2. 내방객 응대 준비 업무

- 내방객의 기본 정보 파악
- 내방객의 방문 일자, 시간, 동행인 등을 확인
- 내방객의 기호를 미리 파악

3. 상사 부재중 선약이 없는 내방객 응대

- 밝은 미소로 일어서서 인사
- 상사의 부재를 알리되 그 이유는 구체적으로 언급하지 않음
- 대리자가 자리에 있다면 내방객의 의향을 확인하여 만날 수 있도록 주선
- 상사와의 직접 만남을 원할 경우, 내방객의 성함과 연락처를 받아 두어 상사에게 보고

4. 내방객 응대 예절 중 소개 시 유의사항

- 직위가 다를 경우, 직위가 낮은 사람을 높은 사람에게 먼저 소개
- 성별이 다를 경우, 남성을 여성에게 먼저 소개하는 것이 관례
- 직급이나 연령이 같을 경우에는 소개자를 기준으로 가까이 있는 사람부터 소개
- 연령 차이가 나는 경우에는 일반적으로 나이가 적은 사람을 연장자에게 소개
- 사내 직원을 외부 방문객에게 소개할 경우에는 사내 직원의 직급 순서에 따라 소개

5. 내방객 응대 예절 중 상석 기준

- 일반적으로 상석은 출입문에서 가장 멀리 있는 쪽
- 상사와 가장 가까운 오른쪽이 상석
- 창문이나 액자가 있는 경우, 전망이나 그림이 보이는 곳
- 여러 명의 내방객이 있을 경우, 직급이 가장 높은 내방객이 상석에 앉도록 안내

CHAPTER

04

일정 관리 업무

1. 상사의 일정 관리를 위한 기본 원칙을 파악할 수 있다.
2. 비서 업무를 위한 일지 작성법을 이해할 수 있다.
3. 일일/주간/월간 등 다양한 일정표 작성법을 이해할 수 있다.
4. 일정 관리를 위한 효율적인 절차를 파악할 수 있다.

저명한 기업인들의 대표적인 성공 노하우로 꼽히는 것이 바로 '시간의 효율적 사용'이다. 즉 자신에게 주어진 한정된 시간을 효율적으로 활용하여 일정을 정리하는 것이 업무의 능률을 높이고 실수를 줄일 수 있는 최고의 성공 비법인 것이다. 이에 따라 상사를 보좌하는 비서 역시 상사와 꾸준히 커뮤니케이션을 하여 상사의 일정을 효율적으로 관리해야 한다.

따라서 상사의 업무 처리 방식과 일정 형태를 고려하여 상사에게 주어진 시간을 적절히 배분하고 일정을 잡도록 한다. 4장에서는 상사의 일정 관리 기본 원칙과 절차, 비서의 일지 작성법을 살펴보고, 일일/주간/월간 일정표를 작성하는 내용을 알아본다.

1 일정 관리 원칙

상사의 일정 관리란 상사가 정해진 기한 동안 수행해야 하는 방대한 양의 업무를 날짜나 시간별로 계획하여 관리하는 것이며, 업무의 효율성을 증대하는 데 목적이 있다. 이러한 중요한 일정 관리에 있어서 비서는 무엇보다 상사의 기호를 먼저 고려하고 업무의 중요도 파악, 수행에 걸리는 시간, 수행 방법, 예측 가능한 변수 등을 상사와 잘 협의하여 차질 없이 일정을 수립하도록 한다.

비서의 일정 관리는 조직 유형과 상사의 업무 처리 방식, 비서의 경력 정도에 따라 대부분의 일정 관리를 위임받아 진행하는 경우와 기본적인 일정 관리, 일정표 작성과 조정 등의 보조적인 역할을 수행하는 경우로 나누어진다.

1) 일정 수립 전에 구체적인 계획 세우기

일정 수립 전에 충분한 자료 조사로 정보를 파악하여 일정 관리의 기본을 다진다. 이렇게 함으로써 일정 관리에 필요한 시간을 효율적으로 사용하고 실수를 줄일 수 있다. 평소 규칙적으로 업무 일지를 작성하고 업무를 체계화하는 연습과 노력이 큰 도움이 된다.

2) 계획된 일정이 잘 이행될 수 있게 하기

- 최종 일정이 결정되면 상사와 비서는 모두 각각의 일정표에 기록한다.
- 일정 수행 전에 혹시 변동사항이 있는지 미리 확인하고, 없다면 예정대로 진행될 수 있도록 준비한다.
- 일정 진행에 필요한 제반 업무(예약, 자료 준비, 연락 등)를 수행한다.

3) 이중 일정 수립 방지하기

- 상사의 일정을 수시로 확인하여 이중으로 일정이 잡히는 것을 방지한다.
- 일정이 중복될 경우 우선순위는 상사가 결정하도록 하고 다음 보고를 기다린다.
- 혹시라도 일정이 변경될 경우 관련 부서와 사람들에게 빨리 연락하여 상대방의 업무에 차질이 없도록 한다.
- 변경된 일정은 상사에게 반드시 보고한다.

4) 반드시 상사의 승낙을 받아 일정 결정하기

- 비서에게 상사의 일정 관리 재량권이 없는 경우에는 일정 관리 시 항상 상사의 승낙을 받고 나서 결정하도록 한다.
- 비서에게 상사의 일정 관리 재량권이 있는 경우에는 상사의 업무 방식, 상사의 현 업무 상황 등을 충분히 고려하여 개략적인 일정을 세우고 상사에게 보고하여 반

드시 승낙을 받도록 한다.

5) 상사의 업무를 방해하는 요소 줄이기

- 일정 관리의 목적은 업무의 효율성 증진이므로 유사한 업무를 같이 처리할 수 있도록 하여 상사의 업무 집중도를 높인다.
- 예정에 없었던 방문객과 전화 등은 선별하여 업무를 방해하지 않게 한다.
- 너무 잦은 상사 집무실 출입을 자제한다. 보고나 결제 등은 일정 시간을 정해 두고 그 시간 내에 모든 업무를 완료하도록 한다.

6) 상사의 개인적 약속 유무 확인하기

일정을 보고할 때에는 상사에게 개인적 약속이 있었는지를 반드시 먼저 확인하고 일정표에 기입한다.

7) 상사의 부재중 일정 잡기

상사가 회의 중이거나 외출 중인데 면담 약속을 정해야 할 때에는 상사에게 먼저 보고하여 승낙을 받고 난 후 일정표에 기입한다. 이때 상사에게 실시간으로 보고하는 것이 아니라 회의의 쉬는 시간 혹은 휴대전화나 이메일을 확인하는 시간을 이용하여 연락한다.

8) 공휴일, 회사의 정기 일정도 일정표에 기입하기

국가 공휴일과 회사에서 정기적으로 이루어지는 일정도 다른 일정과 겹치지 않게 일정표에 기입해 둔다.

9) 바뀐 일정 기입하기

일정 관리는 다분히 변경 가능한 것이며, 변경을 통해 바뀐 일정을 기입하는 것이 비서의 업무이므로 민감하게 반응하지 말고 차분하게 일정 변경을 기입한다.

2 비서 일지 작성법

비서의 업무는 계획을 수립해서 진행되는 업무와 비계획적으로 갑작스럽게 진행되는 업무로 매우 다양하고 복잡하다. 따라서 일정한 방식과 규칙에 따라 업무를 정리해야 업무의 효율성을 높일 뿐 아니라 크고 작은 실수를 줄일 수 있다. 비서의 완벽한 일정 관리가 곧 상사의 일정 관리로 이어지므로 다음의 방법에 유의하여 올바르게 일정을 관리하도록 한다.

2.1 업무 리스트 활용

- 매일 출근 후 오늘 해야 할 일을 중요도에 따라 기입하고 순서대로 처리하기 위해 업무 리스트(To-do list)를 활용할 필요가 있다.
- 상사 입장에서 가장 급하고 중요한 일을 차례로 기입하여 처리하면 업무의 혼선을 막을 수 있다.
- 비슷한 업무는 비슷한 시간에 함께 처리하여 시간을 절약하고, 혹시 누락된 업무가 없는지 확인하여 실수 없이 처리할 수 있다.
- 처리된 업무는 완료되었음을 표시해 두고, 미처리되거나 다시 수행되어야 하는 업무도 따로 표시해 두어 다음번 진행에 참고하도록 한다.

2.2 업무 일지 작성

업무 일지란 비서가 맡은 일이나 처리한 업무 내용 등 업무와 관련된 모든 사황을 기록한 것으로 일지를 작성하면 다음과 같은 유용한 점이 있다.

- 업무 유형을 한눈에 식별할 수 있고 예상 소요 시간을 짐작할 수 있다.
- 분기별 업무량을 예측할 수 있어서 바쁜 시기는 미리 준비하고 여유 있는 시기는 효율적으로 업무 시간을 활용할 수 있다.
- 성과가 높았던 업무와 개선이 필요한 업무가 부각된다.
- 업무 일지는 비교적 규칙적으로 작성해야 하며 최소 15분에서 30분, 최대 1시간 혹은 오전과 오후 간격으로 매일 기록한다.

업무 일지 견본

<table>
<tr><td rowspan="2">업무 일지
○○○○년 09월 01일</td><td rowspan="2">결재</td><td>대리</td><td>과장</td><td>차장</td><td>부장</td><td>이사</td><td>대표
이사</td></tr>
<tr><td></td><td></td><td></td><td></td><td></td><td></td></tr>
</table>

구분	업무 내용	비고
금일 실시 사항	**1. ○○회사 대표이사 방문** 1) 시간 : 09:00 사무실 도착 2) 참석자 : ○○회사 대표이사, 경영전략본부장(총 2명) **2. 내부 임원 회의** 1) 시간 : 11:00 ~ 11:40, 대회의실 2) 주요 안건 : ○○○○년 상반기 실적 및 하반기 예상 실적 보고 **3. 점심 약속** 1) 참석자 : ○○○주식회사 ○○○ 전무 2) 장소 : ○○한정식 3) 시간 : 12:00 ~ 1:30 **4. ○○프로젝트 제안서 최종 보고** 1) 참석자 : 전략부문장, 전략팀장, 기획상무, 기획팀장 2) 발표자 : ○○○ 부장 3) 시간 : 14:00 ~ 15:30	
진행 및 예정 사항	**1. ○○프로젝트 제안 발표** 1) 일시 : ○○○○년 9월 18일, 발주처 대회의실 2) 준비 : 보고자료, 출력물 3) 내부 사전 보고 : ○○○○년 9월 14일 (월) **2. ○○○○협회 세미나 발표** 1) 일시 : ○○○○년 9월 22일 (화) 2) 자료 준비 : 기획상무 및 기획팀장 3) 사전 자료 보고일 : ○○○○년 9월 17일	
비고	**1. 베트남 해외 출장 준비** 1) 일정 : ○○○○년 9월 23 ~ 27일 2) 사전 필요 서류 및 준비사항 체크 후 보고 예정	

2.3 업무 매뉴얼 작성

비서는 갑작스럽게 자리를 비울 경우에 본인의 업무를 대행할 대리인을 위해 업무 매뉴얼을 작성해 둘 필요가 있다. 대리인이 원활하게 업무를 수행할 수 있도록 평소에 작성해 두어 누락되는 업무가 없도록 한다.

상사의 업무 방식과 기업의 업무 처리 방식에 따라 다르겠지만 대략적으로 업무 매뉴얼에 작성할 내용은 다음과 같다.

- 상사가 선호하는 업무 처리 방식
- 규칙적으로 진행되는 업무 내용과 처리 방법
- 업무상 자주 사용하는 연락처
- 업무와 관련된 참고 자료와 서류 등의 위치
- 기타 상사의 스타일과 기호 등

효율적인 업무 처리 방안

체크리스트 활용

반복되는 업무와 장기적인 업무 등을 기록하고 추진 상황을 파악할 수 있다.

유사 업무 유목화(Grouping)

비슷한 업무(예 : 서류 작성, 회의 준비, 내방객 응대 등)는 비슷한 시간에 함께 처리하여 시간 소요를 줄이고 효율성을 극대화한다.

업무 세분화

한꺼번에 처리하기에 부담이 되는 업무 비중이 큰 업무(예: 해외 출장 업무)는 세분화하여 하나씩 차례로 진행하여 실수를 줄인다.

업무 정형화

매일 반복되는 규칙성이 강한 업무(예 : 서류 정리, 이메일 확인과 정리)는 정형화하여 일정한 루틴(Routine)으로 진행해 효율성을 높인다.

3 일정표 작성법

기간을 기준으로 하루의 일정, 한 주간의 일정, 한 달간의 일정과 매년 정기적으로 진행되는 행사를 기록한 일일/주간/월간/연간 일정표로 나누어서 기재해야 할 내용과 각 일정표의 견본을 살펴본다. 또한 내방객이 많은 경우 내방객의 정보를 한눈에 보기 위한 방문 일정표, 휴대하기 쉽게 요약한 휴대용 일정표에 대해서도 알아본다.

3.1 일일 일정표(Daily Schedule)

- 하루의 일정을 모두 기입한 일정표이다. 내방객 방문, 회의 일정, 사내 행사, 외부 행사 등 하루 내에 이루어지는 일정이 상세하게 시간대별로 기재된다.
- 시작 시간과 종료 시간뿐만 아니라 비고란을 통해 일정의 상세한 내용을 모두 기입한다.(예 : 장소, 이동 시간, 연락처, 참석 인물, 면담 주제, 준비 자료 등)
- 당일에 이행한 일과 이행하지 못한 일을 표시하여 업무의 효율성을 높인다.
- 일일 일정표는 매일 상사와 협의하여 작성하고, 다음 날 일정표는 전날 오후에 상사에게 보고하여 수정, 보완한다.

일일 일정표 견본

대표이사 일일 일정표 ○○○○년 ○월 ○일	결재	대리	과장	팀장

구분	시간	주요 내용	비고
오전	09:00 ~ 10:00	○○회사 대표이사 방문	
	10:00 ~ 11:00	전략팀 업무 보고	
	11:00 ~ 11:40	임원 회의	
오후	14:00 ~ 15:30	○○프로젝트 제안서 최종 보고	
	17:00 ~ 18:30	○○협회 세미나	
특이사항	* 점심 약속 1) 참석자 : ○○○주식회사 ○○○ 전무 2) 장소 : ○○한정식 3) 시간 : 12:00 ~ 1:30		

3.2 주간 일정표(Weekly Schedule)

- 일 주간의 일정을 기록한 일정표이다. 주요 회의, 내방객 방문 일정, 그룹 회의, 출장 계획 등을 요일별, 시간대별로 기입한다.
- 주간 일정표는 한 주가 끝나는 금요일 오후까지 작성해서 상사에게 보고하고, 바뀐 사항을 수정하여 다음 주 주간 일정표를 보고한다.

주간 일정표 견본

대표이사 주간 일정표	결재	대리	과장	팀장

날짜	요일	시간	내용	비고
09. 07	월	09:00 ~ 10:00	주간 보고	
		10:00 ~ 11:00	임원 회의	
		14:00 ~ 15:30	신입사원 간담회	
		16:00 ~ 17:00	○○ 대표이사 방문	
09. 08	화	09:00 ~ 11:00	○○ 프로젝트 계획 보고	
		11:00 ~ 12:00	상반기 실적 보고	
		14:00 ~ 17:00	경기도 ○○공장 방문	
09. 09	수	09:00 ~ 11:00	현안 회의	
		15:00 ~ 17:00	협력업체 사장단 회의	
		17:00 ~ 20:00	협력업체 사장단 식사	
09. 10	목	09:00 ~ 11:00	하반기 전략계획 및 대책방안 보고	
		14:00 ~ 15:00	본부 팀장 간담회	
		15:00 ~ 18:00	○○ 협회 세미나 참석	
09. 11	금	09:00 ~ 10:00	전략부문 ○○ 보고	
		10:00 ~ 11:30	경기도 ○○공장 설립계획 보고	
		14:00 ~ 16:00	○○ 법인 대표이사 본사 방문	

3.3 월간 일정표(Monthly Schedule)

- 한 달간의 일정을 기록한 일정표이다. 일반적으로 정기적인 사내 보고와 회의, 결제 관련, 방문 관련, 회의 관련 내용 등이 포함된다.
- 전월의 마지막 주까지 작성하여 상사에게 보고하고, 수정할 사항이 있다면 수정, 보완한다.

월간 일정표 견본

대표이사 월간 일정표	결재	대리	과장	팀장

주별	기간	주요 일정	비고
1주차	○월 ○일 ~ ○월 ○일	1. 월간 회의(○월 ○일)	
		2. 협력업체 대표이사 간담회(○월 ○일)	
		3. ○○공장 방문(○월 ○일)	
2주차	○월 ○일 ~ ○월 ○일	1. 경영실적 및 계획 보고(○월 ○일)	
		2. ○○프로젝트 계획 보고(○월 ○일)	
		3. ○○법인 대표이사 회의(○월 ○일)	
		4. 신입사원 간담회(○월 ○일)	
3주차	○월 ○일 ~ ○월 ○일	1. ○○시청 ○○국장 회의(○월 ○일)	
		2. ○○협회 회장 방문(○월 ○일)	
		3. ○○공장 방문(○월 ○일)	
4주차	○월 ○일 ~ ○월 ○일	1. ○○협회 세미나 참석(○월 ○일)	
		2. 현안 회의(○월 ○일)	
		3. 주주총회(○월 ○일)	

3.4 연간 일정표(Yearly Schedule)

매년 정기적으로 진행되는 행사를 기록한 일정표이다. 창립기념일, 시무식, 종무식, 주주총회, 사내 체육대회 등의 일정이 있다. 연간 행사의 총괄을 맡고 있는 기획실과 총무부에서 매년 연초에 정기적인 행사를 기록한 연간 일정표를 각 부서에 보내는 것이 일반적이다.

비서는 전년도 연간 일정표를 참고하여 연간 일정표를 전년도 마지막 달까지 작성하여 완료하고 상사에게 보고한 후 수정할 사항이 있으면 수정한다.

연간 일정표 견본

YEARLY PLANNER **YEAR 2020**

JAN	FEB	MAR	APR	MAY	JUN	JUL	AUG	SEP	OCT	NOV	DEC
1	1	1	1	1	1	1	1	1	1	1	1
2	2	2	2	2	2	2	2	2	2	2	2
3	3	3	3	3	3	3	3	3	3	3	3
4	4	4	4	4	4	4	4	4	4	4	4
5	5	5	5	5	5	5	5	5	5	5	5
6	6	6	6	6	6	6	6	6	6	6	6
7	7	7	7	7	7	7	7	7	7	7	7
8	8	8	8	8	8	8	8	8	8	8	8
9	9	9	9	9	9	9	9	9	9	9	9
10	10	10	10	10	10	10	10	10	10	10	10
11	11	11	11	11	11	11	11	11	11	11	11
12	12	12	12	12	12	12	12	12	12	12	12
13	13	13	13	13	13	13	13	13	13	13	13
14	14	14	14	14	14	14	14	14	14	14	14
15	15	15	15	15	15	15	15	15	15	15	15
16	16	16	16	16	16	16	16	16	16	16	16
17	17	17	17	17	17	17	17	17	17	17	17
18	18	18	18	18	18	18	18	18	18	18	18
19	19	19	19	19	19	19	19	19	19	19	19
20	20	20	20	20	20	20	20	20	20	20	20
21	21	21	21	21	21	21	21	21	21	21	21
22	22	22	22	22	22	22	22	22	22	22	22
23	23	23	23	23	23	23	23	23	23	23	23
24	24	24	24	24	24	24	24	24	24	24	24
25	25	25	25	25	25	25	25	25	25	25	25
26	26	26	26	26	26	26	26	26	26	26	26
27	27	27	27	27	27	27	27	27	27	27	27
28	28	28	28	28	28	28	28	28	28	28	28
29	29	29	29	29	29	29	29	29	29	29	29
30		30	30	30	30	30	30	30	30	30	30
31		31		31		31	31		31		31

3.5 방문 일정표

내방객이 많은 상사의 경우, 내방객의 정보를 편리하게 보기 위해 방문 일정표를 만들어 관리하기도 한다. 방문 일시와 시간, 방문객의 성명과 소속, 연락처 등을 기입하고 비고란에 특이사항을 메모해 둔다.

3.6 휴대용 일정표

수첩 등과 같이 휴대하기 용이한 일정표로 상사의 중요한 약속, 행사 등을 간단하게 요약해 적은 일정표이다.

일정표의 종류

구분	내용
연간 일정표	• 매년 정기적인 행사나 임시 행사 등을 기록
월간 일정표	• 매월 정기적으로 발생하는 사항 등을 기록 • 정기모임, 방문객 내방, 회의 등을 확정하여 구체적으로 기입
주간 일정표	• 월간 일정을 1주간 단위로 잡아 월간 일정표보다 더 상세하게 기입 • 주간 주요 일정, 내방객 방문 상세 일정, 출장 계획 등 주요 행사 등을 요일별, 시간별로 구분하여 작성하고 시간과 장소도 함께 기입
일일 일정표	• 하루 일정, 주요 내방객, 회의 및 행사 등을 시간별로 상세하게 기재
방문 일정표	• 방문 일시와 시간, 면담자의 이름과 소속, 연락처 등을 기입 • 거래처 방문이 많은 상사인 경우 방문 일정표를 따로 작성
임원 일정표	• 조직 임원들의 일정을 전체적으로 볼 수 있도록 작성 • 임원 모두가 참여하는 회의 등의 일정을 수립할 때 주로 사용
휴대용 일정표	• 정기적으로 작성하지 않고 상사가 중요한 약속이나 행사가 있을 때 필요한 사항을 기재하여 휴대할 수 있도록 작성

4 일정 관리 절차

4.1 일정 확인

일정표에 기입된 일정이 정상적으로 이행되도록 수시로 확인하는 습관을 들인다. 혹시 모를 변경사항은 사전에 담당자에게 확인한다. 모든 일정은 상사와 함께 공유하고 소통해야 하므로 업무 시간에 틈을 내서 상사에게 재확인해 줄 필요가 있다.

- 일정에 잡힌 회의와 방문은 사전에 변경 유무를 확인한다.
- 구두로 회의 일정을 잡았을 경우, 이를 메모하거나 문서화해 둔다.

- 월간 일정표는 전월 말, 주간 일정표는 전 주 금요일 전까지, 일일 일정표는 전일 퇴근 전까지 작성한 후 상사에게 보고하고 변경사항은 수정한다.
- 공휴일과 같은 휴일의 일정도 가능하면 기록하고, 자주 반복되는 단어와 표현은 기호화하여 편리하게 기입한다.
- 회의 주최자가 상사일 경우, 회의실 예약과 회의 제반사항을 준비하고 참석자에게 통지한다.
- 상사가 회사 차량을 이용하는 경우에는 운전기사에게 매 주의 일정을 상세하게 기록한 일정표를 직전 주 말까지 전달하고, 예정에 없던 일정이 생기면 최대한 빨리 알린다.
- 비서는 운전기사와 자주 소통하면서 상사의 이동이나 일정에 차질이 없도록 한다.

4.2 일정 기입

확정된 일정을 기입하는 과정이다. 효율적인 기입 방법을 통해 비서 자신과 상사의 업무 효율을 높이도록 한다.

- 일정표는 최대한 상세하게 기입하고 각각의 일정을 잘 기억하여 상사의 질문에 즉각 대답할 수 있도록 한다.
- 일정표 및 일정 기입과 관련된 방식은 상사의 기호, 회사의 업무 처리 방식에 따라 달라지므로 반드시 상사와 상의하여 결정한다.
- 대내외 행사 이외에 상사 직무와 관련된 기밀사항인 경우, 노출되지 않도록 보안에 유의한다.
- 수기로 작성하는 업무 노트와 컴퓨터, 스마트폰 스케줄러 등에 이중으로 기입하여 자료 유실이 있을 경우를 대비한다.
- 일정이 최종 확정되면 우선 비서의 일정표에 기재하고 이를 바탕으로 상사의 일정표에 기입한 후 상사에게 보고한다. 혹시 변경사항이 있다면 수정한다.
- 상사가 직접 정한 일정도 비서가 상사에게 확인하여 일정표에서 누락되지 않도록 한다.

- 회의와 면담 일정 조율 시 장소와 이동거리, 이전 일정을 마치는 시간 등을 충분히 고려하여 여유 있게 잡도록 한다.

4.3 일정 변경

상사의 일정을 관리하다 보면 예상치 못한 상황으로 불가피하게 일정을 변경해야 하는 일이 수시로 발생한다. 바른 일정 변경은 상사의 다음 업무에 영향을 줄 뿐만 아니라 일정과 관련된 상대방에게도 영향을 미치므로 일정 변경 시 신속, 정확하게 변경하고 알리도록 한다.

- 모든 상사의 일정은 빈번히 변경, 취소 혹은 지연될 수 있음을 염두에 두고 매 변경에 의연하고 신속하게 대처한다.
- 상사의 사정으로 일정을 변경해야 하는 경우, 최대한 빨리 상대방에게 알리고 상대방 일정을 먼저 고려하여 일정을 재수립한다.
- 상대방으로부터 일정 변경 연락을 받은 경우, 상사에게 즉시 보고하고 다음 일정과 관련된 지시를 기다린다.
- 일정 변경 시 일정과 관련된 장소와 교통편, 식사 등도 변경하거나 취소한다.
- 변경 및 취소된 일정은 비서의 일정표와 상사의 일정표에 모두 기입하여 의사소통에 혼란이 없도록 한다.
- 출타 중인 상사에게 일정 변경을 보고해야 하는 경우, 상사의 위치와 모임의 성격, 연락 가능 여부를 확인하여 보고한다.

1. 일정 관리 기본 원칙

- 일정 수립 전에 구체적인 계획을 세우고 계획된 일정이 잘 이행될 수 있도록 함
- 이중 일정의 수립을 방지
- 일정은 상사의 승낙을 반드시 받아 결정
- 상사의 업무를 방해하는 요소는 제거
- 일정 보고 시 상사에게 개인적 약속이 있는지 반드시 확인 후 일정표에 기입
- 상사 부재중 면담 약속을 정해야 할 때는 상사에게 보고 후 일정표에 기입
- 국가 공휴일, 회사의 정기 일정도 다른 일정과 겹치지 않게 일정표에 기입
- 일정 관리는 충분히 변경 가능한 것이며, 변경된 일정을 즉시 기입

2. 업무 매뉴얼 작성 기준

- 상사가 선호하는 업무 처리 방식
- 규칙적으로 진행되는 업무 내용과 처리 방법
- 업무상 자주 사용하는 연락처
- 업무와 관련된 참고 자료와 서류 등의 위치
- 기타 상사의 스타일과 기호 등

3. 효율적인 업무 처리방안

- 업무에 체크리스트를 활용
- 유사 업무는 유목화(Grouping)
- 규모가 큰 업무는 세분화
- 반복되는 업무는 정형화

4. 일정표의 종류

- 일일 일정표(Daily Schedule) : 하루의 일정을 모두 기입한 일정표
- 주간 일정표(Weekly Schedule) : 일 주간의 일정을 기록한 일정표
- 월간 일정표(Monthly Schedule) : 한 달간의 일정을 기록한 일정표
- 연간 일정표(Yearly Schedule) : 매년 정기적으로 진행되는 행사를 기록한 일정표
- 방문 일정표 : 내방객이 많은 상사의 경우, 편리하게 보기 위한 방문 일정표
- 휴대용 일정표 : 회사의 중요한 약속, 행사 등을 적은 일정표

CHAPTER

05

출장 및 예약 관리 업무

1. 상사의 국내외 출장을 출장 전 · 중 · 후로 구분하여 각 단계에 맞는 업무를 이해할 수 있다.
2. 출장에 필요한 교통편과 숙소 등 각종 예약 방법을 이해할 수 있다.
3. 출장 일정표 작성법을 이해할 수 있다.

상사는 사무실이 아닌 곳에서 업무를 수행할 때가 많으며 방문하는 곳은 국내뿐 아니라 해외 등 다양한 곳이 된다. 이와 같이 업무의 연장으로서 출장은 낯선 환경에서 직무를 수행해야 하는 어려움이 따른다. 따라서 비서는 상사의 업무 처리 방식과 기호를 충분히 고려하여 출장 전에 철저한 계획을 세워야 한다.

또한 출장 중인 상사의 업무 지원 및 사내 업무 보고 등을 통해 업무에 차질이 없도록 해야 하며, 상사가 귀사하여 업무를 바로 시작할 수 있도록 제반사항을 미리 확인해야 한다. 5장에서는 시간과 비용이 많이 드는 출장 업무에 대한 전반적인 내용을 알아본다.

1 출장 전 업무

비서의 출장 업무는 상사의 집무실이 아닌 국내나 해외로 장소를 옮겨 업무를 보는 상사를 지원하는 업무이다. 출장 시 그 이동 장소가 다양하며 출장지에서 예상치 못한 변경사항이 생길 수도 있다. 따라서 비서는 출장과 관련된 여러 제반사항을 충분히 고려하고 여러 번 확인하여 최대한 실수를 줄이고 높은 업무 성과를 낼 수 있도록 최선을 다해야 한다.

다양한 출장을 준비할 때 사전에 확인해야 하는 사항은 다음과 같다.

- 출장이 결정되면 새로운 출장 폴더를 만들어 상사의 기호에 따라 (장소, 기간, 목적 등) 폴더를 정리하여 관리한다. 만약의 경우에 대비하여 서류 파일과 컴퓨터 파일 두 가지를 모두 만든다.
- 기업의 모든 업무에는 승인 절차가 따른다. 출장의 승인 절차를 확인하여 출장 계획안을 작성하고 반드시 승인을 받는다.
- 기업마다 조금씩 차이는 나겠지만, 모든 기업은 사내 출장 규정집이 있으므로 관련 규정을 검토하고 상사의 직급에 맞는 예산을 확인한다.
- 능률적인 출장 업무 수행을 위해서는 비서의 사전조사가 반드시 필요하다.(현지 정보, 교통, 숙박, 항공, 기후, 음식 등)
- 해외 출장의 경우 금액이 큰 항목(항공, 호텔 등)이 많으므로 사전에 각 업체와 협약되어 있는지 확인하여 할인, 좌석등급 상향 조정, 포인트 적립 등 다양한 부가 혜택을 받도록 한다.
- 상사의 업무 효율도 고려해야 하므로 상사의 기호를 잘 파악하고 상사와 상의하여 결정하도록 한다.

2 출장 계획안 작성

출장이 결정되면 본격적인 출장 계획을 수립하기 위해 출장 계획안부터 작성한다. 출발일, 목적지 등과 같은 기본 내용을 중심으로 구체적인 사항도 기재한다. 이전 출장과 관련된 문서들이 있다면 참고하여 작성한다. 초안 작성 후 상사에게 보여 주고 수정사항은 변경한다. 확정되지 않은 상사의 출장사항은 대외적으로 알리지 않는다.

출장 계획안 필수 기재 요소

필수 요소	내용
출장 목적	• 결정된 출장의 궁극적인 목적을 확인한다.(회의, 방문, 세미나, 연수 등)
출장지	• 출장 목적지를 확인한다. 경유지가 있다면 함께 확인한다.
출발과 도착 일시	• 출발시간과 도착시간을 확인한다. • 경유지가 있다면 경유지 출발시간과 도착시간을 함께 확인하여 연계성을 검토한다.
출장기간	• 출장 후 개인 일정 등이 있는지 확인하여 총 출장기간을 파악한다.
교통편	• 출장 동행자들과 협의하여 출장지까지의 교통편을 확인한다. • 상사의 직급에 맞는 교통 예산을 반드시 확인하고 경유지를 고려하여 3~4개 정도의 선택안을 찾아 보고한다.
숙박	• 출장 동행자와 숙박 예산안을 확인하여 출장지의 숙박을 결정한다. • 상사의 기호나 회사와 협약이 되어 있는 곳이 있는지 확인하여 부가적인 혜택을 받을 수 있도록 한다.
방문처	• 출장지에서 만나야 하는 사람, 거래처나 고객이 있는지 확인하고 상대방의 기본 정보(성명, 장소, 시간, 목적 등)를 미리 파악해 둔다.
준비 자료	• 상사에게 출장 중 필요한 자료가 있는지 확인하고 사전에 준비하도록 한다. • 준비 마감일, 자료 형태, 부가 자료 등을 상사에게 먼저 문의하고 준비한다.
출장 여비	• 출장 시 예상되는 여비를 확인한다. • 법인카드, 현금 소지 여부, 여행자 수표 소지 여부 등을 사전에 확인하고 상사의 기호에 따라 미리 준비해 둔다.
기타	• 해외 출장일 경우 목적지에 대한 사전조사가 필요하다. 날씨, 음식, 국민성, 주 종교 등을 바탕으로 출장 복장과 고객용 선물을 준비한다. • 출장지의 국가 공휴일과 축제기간을 확인하여 출장 일정과 겹치지 않게 한다.

3 교통편 및 숙소 예약

교통편과 숙소 예약은 한번 예약하면 변경과 취소가 어렵고 위약금과 수수료가 발생하는 등 부가적인 문제가 수반되므로 한번에 신중하게 예약해야 한다. 출발시간, 경유지 유무, 시차 등의 여러 가지 내용을 고려하여 예약한다.

3.1 교통편 예약

1) 교통편 예약 준비

- 출장의 목적지, 성격, 기간을 고려하여 결정한다.
- 출장 목적지를 확인하고 도착 가능한 교통편을 찾아본다.
- 출장 총예산, 상사의 직급에 맞는 예산을 고려하여 교통편을 결정한다.
- 예산이 넉넉하다면 직항 노선, 경유지가 있다면 시간적 여유를 고려해 예약한다.
- 상사가 선호하는 항공사와 좌석을 선택한다.
- 출장 동행인의 상황도 고려하여 출발시간과 교통편을 예약한다.

2) 교통편 예약 실행

- 출장지와 출발 일정이 확정되면 그에 맞는 교통편을 예약한다.
- 성수기에는 가격 변동, 예약의 어려움이 있을 수 있으므로 최대한 결정되자마자 바로 예약한다.
- 상사가 선호하는 항공사, 등급, 기내 부가 서비스 등을 고려하여 예약, 신청한다.
- 희망하는 항공편의 예약이 불가한 경우, 타 항공편의 대기자 명단(Waiting List)에 이름을 올리고 중간에 상황을 확인한다.

3) 교통편 예약 확인

- 항공 예약인 경우 결제 시간을 확인하여 예약이 자동 취소되는 일이 없도록 한다.
- 예약이 완료된 항공권은 이티켓(E-ticket)을 받아 예약을 확인한다.
- 수화물의 최대 중량과 개수 등을 확인하여 출장 준비에 참고한다.
- 예약 취소, 변경, 환불 규정 등은 항공사마다 다르므로 사전에 확인해 둔다.
- 예약 시 신청했던 기내 부가 서비스의 가능 여부를 확인한다.
- 예약의 전반적인 사항은 비서와 상사의 출장 일정에 모두 기록해 둔다.
- 출발 전에 반드시 다시 한번 확인한다.

항공기 좌석 배치도(A380-800기종, 407석)

항공기 좌석 등급

항공기 좌석 등급	객석 예시	설명
일등석 (First Class)		일등석(一等席) 또는 퍼스트 클래스(Frist Class)는 철도 교통, 비행기 등에서 최상급 객석이자 서비스를 제공한다.
비즈니스석 (Business Class)		퍼스트 클래스와 이코노미 클래스 사이에 위치한다. 통상 이등석(二等席)이라고 한다. 그러나 수많은 항공사들은 현재 서비스의 최고 등급으로 비즈니스 클래스를 제공한다.
프리미엄 이코노미석 (Premium Economy Class)		프리미엄 이코노미 클래스 또는 이코노미 플러스 클래스라고도 알려진 프리미엄 이코노미석은 일부 항공사에서 제공하는 좌석 등급이다. 프리미엄 이코노미 클래스는 비즈니스 클래스와 이코노미 클래스의 중간 정도의 서비스를 제공한다.
이코노미석 (Economy Class)		좌석 등급에서 기본석을 뜻하며 일반석이라고도 한다.

MIolstudio / Shutterstock.com (일등석)

Joel Whalton / Shutterstock.com (프리미엄 이코노미석)

전자 항공권(E-ticket) 견본

A STAR ALLIANCE MEMBER | **ASIANA AIRLINES**

전자 항공권 여정안내서
Electronic Ticket Itinerary & Receipt

예약번호 Reservation No.
93616306

승객성명 Passenger Name	KIM/JEONGMIN MS		
항공권번호 Ticket Number	9882479972444	**발행점소** Issuing Office	MOBILE BONUS KOREA
예약번호 Reservation No.	J9KS5G (93616306)		
회원번호 Frequent Flyer No.	355234468		

여정 Itinerary

출발 From	도착 To	편명 Flight	예약등급 Class	출발일 Date(Day)	출발시각 Departure	도착시각 Arrival	비행시간 Flying Time	예약상태 Status	좌석번호 Seat
SEOUL GIMPO	**TOKYO HANEDA**	**OZ1085**	X	**24APR20 (FRI)**	**08:40**	**10:45**	02H05M	OK	32H

터미널 Terminal I	터미널 Terminal I		
경유 Via		경유지 체류시간 Layover Time	
운항항공편 Operated by	**ASIANA AIRLINES OZ1085**	무료수하물 Free Baggage Allowance	**1PC**
판매항공편 Marketed by	ASIANA AIRLINES	항공권 유효기간 Not Valid Before	
운임종류 Fare Basis	XLG	항공권 유효기간 Not Valid After	

출발 From	도착 To	편명 Flight	예약등급 Class	출발일 Date(Day)	출발시각 Departure	도착시각 Arrival	비행시간 Flying Time	예약상태 Status	좌석번호 Seat
TOKYO HANEDA	**SEOUL GIMPO**	**OZ1035**	X	**26APR20 (SUN)**	**20:05**	**22:35**	02H30M	OK	21H

터미널 Terminal I	터미널 Terminal I		
경유 Via		경유지 체류시간 Layover Time	
운항항공편 Operated by	**ASIANA AIRLINES OZ1035**	무료수하물 Free Baggage Allowance	**1PC**
판매항공편 Marketed by	ASIANA AIRLINES	항공권 유효기간 Not Valid Before	
운임종류 Fare Basis	XLG	항공권 유효기간 Not Valid After	

*상기의 모든 정보는 항공사 및 공항 사정에 의하여 변경될 수 있습니다. All conditions may vary according to circumstances of airlines and airports.

*아시아나항공은 인천공항의 제1여객터미널에서 운항합니다. Asiana Airlines uses the terminal 1 of Inchecon International airport, please confirm your terminal again.

운임정보 Receipt Information

지불수단 Form of Payment	MSCCCV CC CA XXXXXXXXXXXX3017/05 300342		
운임 Fare	USD 0.00	Equivalent Fare	**KRW 0**
세금 및 제반요금 Tax/Fee/Charge			
*세금 Taxes	KRW 28000 BP KRW 10700 TK KRW 27700 SW. *한국 출발 세금(BP)에는 국제여객공항이용료(인천/김포공항 17,000원, 기타공항 12,000원), 출국납부금 10,000원, 국제질병퇴치기금 1,000원이 포함되어 있습니다. *The BP Tax includes International PSC(Incheon/Gimpo Airport KRW 17,000, other airports KRW 12,000), Departure Tax(KRW 10,000) and Global Disease Eradication Fund(KRW 1,000).		
*재발행 수수료 Reissue Fee			
*유류할증료 Fuel Surcharge	KRW 14200 YQ		
*부가서비스료 Service Fees	KRW -		
합계 Total Amount	**KRW 80600**		
발행항공사/발행일 Issuing Airlines and Date	ASIANA AIRLINES 31DEC19		IATA: 17394495
제한사항 Restriction(s)	NON-ENDS/OZ AWARD/TKT VALID IS 12MONTH FROM DATE OF ISSUE		
운임계산 Fare Calculation	SEL OZ TYO0.00OZ SEL0.00NUC0.00END ROE1.000000		

*항공권에 기재된 날짜, 여정, 운항 항공사, 예약등급, 유효기간 등의 변경 또는 취소/환불시, 판매조건에 따라 제반 규정이 다르게 적용되어 운임 차액 및 수수료가 발생할 수 있습니다.
When cancelling/refunding tickets or making changes to the stated travel dates, routes, operating airlines, booking classes and ticket validity, such requests are subject to the overall rules that can apply within a varying scope in accordance with the fare and sales conditions resulting in potential fare differences and fees.

*공동운항편의 경우 운항 항공사에서 구입 시와 운임이 다를 수 있으며, 사전좌석배정, 특별기내식, 무료수하물 등의 제반 서비스는 운항 항공사 기준에 따라 다르게 운영될 수 있으니 자세한 사항은 사전에 확인하여 주시기 바랍니다.
The fare of codeshare flights may differ when purchased through the operating carrier, and services such as advance seat reservation,

4) 이티켓 확인사항

- 예약번호(Booking Reference)
- 성명(Name) : 성과 이름 사이는 '/'로 표기, 각 성명 뒤에 성별 구분 시 'MR' 혹은 'MS' 사용
- 여정(Itinerary) : 항공편명, 예약 등급, 출발일자, 출발지, 도착지 공항코드, 예약 상태+좌석 수
- 연락처(Contact Point) : 탑승인 모바일 연락처, 이메일, 여행사 연락처 등
- 승객 특별 요청사항(Service Request)
- 항공권 결제시한(Ticket Arrangement) : 결제시한까지 결제하지 않을 경우 자동 취소

전자 항공권과 PNR

- 전자 항공권 : 실물 항공권의 발행 없이, 항공사의 전자 항공권 데이터베이스에 항공권 발행 내역이 저장되어 항공권의 사용, 환불, 재발행 등의 모든 내역을 조회하고 처리하는 항공권 형식
- PNR(Passenger Name Record) : 승객의 항공 운송과 관련된 모든 정보

3.2 숙소 예약

고된 업무와 장시간 이동, 낯선 환경 적응에 지친 상사를 편안하게 쉬게 하는 일만큼 중요한 것은 없다. 상사의 기호와 예산을 잘 고려하여 상사에게 맞는 숙소를 예약하도록 한다.

1) 숙소 탐색

- 상사의 기호와 직급에 맞는 예산과 회의 장소와의 이동거리 등을 고려하여 숙소를 찾는다.
- 회사와 협약이 되어 있는지 확인한 후, 있다면 부가 혜택을 이용하도록 한다.
- 호텔의 부가 서비스(부대시설과 편의시설) 등을 확인하여 이용에 불편이 없는지 확인한다.

- 동일 체인 호텔 이용 시 포인트 누적, 할인 등의 혜택을 누릴 수 있으므로 예약 시 상사의 호텔 회원 카드를 활용한다.

2) 숙박 예약

- 숙박 장소가 결정되면 예약한다. 비서가 호텔 예약 사이트나 전화를 통해 직접 예약할 수도 있고, 여행사에 위임할 수도 있다.
- 예약 시에는 호텔 회원일 경우 이를 미리 표시하거나 알리고, 숙박인 기본 정보(성명, 투숙기간, 입퇴실 날짜 및 시간 등)를 입력한다.
- 호텔에 투숙객의 항공 일정을 미리 알려 주고 호텔 셔틀버스 서비스(Hotel Shuttle Bus Service) 운행 여부를 확인한다.
- 만약에 상사가 늦게 도착할 경우에 도착 지연(Late Arrival)과 일찍 도착할 경우에 조기 도착(Early Arrival Occupancy)을 신청해 둔다.
- 예약 변경, 취소에 따른 환불 규정도 확인한다.
- 예약번호, 룸 타입, 최종 가격을 확인한다.
- 출장일 전에 다시 한번 호텔 예약 상태를 확인한다.

3) 호텔 예약 확인 티켓

호텔 예약 사이트

번호	홈페이지 주소	번호	홈페이지 주소
1	www.hotels.com	4	www.hotelpass.com
2	www.expedia.com	5	www.agoda.com
3	www.discounthotel.com	6	www.booking.com

해외 주요 호텔 그룹

번호	호텔명	국가 수	호텔 지점 수/ 객실 수
1	인터컨티넨탈 호텔 그룹(InterContinental Hotels Group)	100	4,600/ 670,000
2	힐튼월드와이드(Hilton Worldwide)	90	3,900/ 650,000
3	메리어트인터내셔널(Marriott International Inc.)	74	3,700
4	윈덤호텔그룹(Wyndham Hotels Group)	66	7,200

5	초이스호텔	30	6,200/ 500,000
6	아코드호텔 그룹	100	4,283/ 616,181
7	베스트웨스턴(Best Western)	100	4,000
8	스타우드호텔앤리조트(Starwood Hotels and Resorts Worldwide)	80	755

국내 5성급 호텔

지역	호텔명	소재지	전화번호
서울	그랜드 앰배서더 서울	서울 중구 동호로 287(장충동 2가)	02-2275-1101
서울	그랜드 워커힐 서울	서울 광진구 워커힐로 177(광장동)	02-450-4425
서울	그랜드 인터컨티넨탈 서울 파르나스	서울 강남구 테헤란로 521(삼성동)	02-555-5656
서울	그랜드 하얏트 서울	서울 용산구 소월로 322(한남동)	02-797-1234
서울	노보텔 앰배서더 서울 동대문	서울 중구 을지로 238(을지로 6가)	02-3425-8000
서울	롯데호텔 서울	서울 중구 을지로 30(소공동)	02-759-7263
서울	밀레니엄 힐튼 서울	서울 중구 소월로 50(남대문로 5가)	02-753-7788
서울	비스타 워커힐 서울	서울 광진구 워커힐로 177	02-450-4425
서울	쉐라톤 서울 디큐브시티 호텔	서울 구로구 경인로 662(신도림동)	02-2211-2000
서울	스위스 그랜드 호텔 서울	서울 서대문구 연희로 353	02-3216-5656
서울	시그니엘 서울	서울 송파구 올림픽로 300	02-3213-1000
서울	웨스턴조선호텔 서울	서울 중구 소공로 106(소공동)	02-317-0135
서울	인터컨티넨탈 서울 코엑스	서울 강남구 봉은사로 524(삼성동)	02-3452-2500
서울	임피리얼 팰리스 호텔	서울 강남구 언주로 640(논현동)	02-3440-8000
서울	콘래드 서울 호텔	서울 영등포구 국제금융로 10(여의도동)	02-6137-7000
서울	포시즌스 호텔 서울	서울 종로구 새문안로 97(당주동)	02-6388-5000
서울	호텔 신라	서울 중구 동호로 249(장충동 2가)	02-2233-3131
서울	JW 메리어트호텔 서울	서울 서초구 신반포로 176	02-6282-6262
인천	경원재 앰배서더 호텔	인천 연수구 테크노파크로 200	032-729-1101
인천	그랜드 하얏트 인천	인천 중구 영종해안남로 321번길 190	032-745-1234
인천	쉐라톤 그랜드 인천 호텔	인천 연수구 컨벤시아대로 153	032-835-1503
인천	파라다이스 시티	인천 중구 영종해안남로 321번길 186	031-833-8855

지역	호텔명	소재지	전화번호
부산	롯데호텔 부산	부산 부산진구 부전동 503-15	051-810-1000
부산	웨스턴조선호텔 부산	부산 해운대구 동백로 67(우동)	051-749-7000
부산	파라다이스 호텔 부산	부산 해운대구 해운대해변로 296	051-742-2121
부산	파크 하얏트 부산	부산 해운대구 마린시티 1로 51	051-990-1234
부산	힐튼 부산	부산 기장군 기장읍 기장해안로 268-32	051-509-1901
제주	라마다프라자 제주 호텔	제주시 탑동로 66	064-729-8100
제주	롯데호텔 제주	서귀포시 중문관광로 72번길 35	064-731-1000
제주	서귀포 KAL 호텔	서귀포시 칠십리로 242	064-732-985
제주	제주신라	서귀포시 중문관광로 72번길 75	064-735-5114
제주	제주신화월드 호텔 앤 리조트	서귀포시 안덕면 신화역사로 304번길 38	064-908-6000
제주	제주 오리엔탈 호텔	제주시 탑동로 47	064-752-8222
제주	제주 KAL 호텔	제주시 중앙로 151	064-724-2001
제주	켄싱턴 제주 호텔	서귀포시 중문관광로 72번길 60	064-735-8900
제주	해비치호텔	서귀포시 표선면 민속해안로 537	064-780-8212

4 출장 일정표 작성

출장의 기본적인 사항들이 확정되면 출장 일정표를 작성한다. 효율적인 출장 일정표는 상사가 출장기간 중 여러 일정을 쉽게 확인할 수 있게 해 준다. 올바른 출장 일정표 작성을 통해 중요한 출장 업무의 효율을 높이도록 한다.

4.1 출장 일정표 작성 요령과 유의사항

- 한눈에 보기 쉽게 한 장의 표에 작성하며 비서가 초안을 작성하여 상사에게 확인을 받는다.
- 날짜별, 시간대별, 국가나 지역별로 상사의 기호를 고려하여 작성한다.
- 해외 출장 시에는 현지 체류에 필요한 정보 등을 비고란에 정리해 두면 좋다.
- 한 번에 완성하지 못하고 여러 번 수정, 보완해야 하므로 상사와 소통하여 작성

출장 일정표 견본

대표이사 출장 일정표 ○○○○년 09월 15일 ~ ○○○○년 09월 18일 (3박 4일)	결재	대리	과장	팀장

일자	지역	시간	내용	비고
9/15 (화)	인천	~ 09:10	인천공항 이동 및 탑승 대기	
	호치민	09:10 ~ 12:40	인천공항 → 호치민공항(KE681)	비행시간 5시간 30분
		12:40 ~ 15:00	○○공장 방문 및 중식	차량 이동 1시간
		15:00 ~ 16:00	○○법인 업무 보고	○○○법인장 보고
		16:00 ~ 18:00	A 공장 점검	A 공장장 수행
		18:00 ~ 20:00	석식	○○식당 공장/법인장 참석
		20:00 ~	호텔 Check-in	○○호텔 차량 이동 30분
9/16 (수)	호치민	~ 09:00	조식 및 B 공장 이동	차량 이동 40분
		09:00 ~ 11:30	B 공장 방문, 공장 점검	B 공장장 수행
		11:30 ~ 13:00	중식	사내 식당
		13:00 ~ 16:00	B 공장 업무 보고 및 법인 실적 보고	B 공장장 ○○○법인장 보고
		16:00 ~ 18:00	B 공장 협력사 대표이사 회의	B 공장장 주관
		18:00 ~ 20:00	석식	○○호텔 ○○식당
		20:00 ~	호텔 이동	○○호텔 차량 이동 40분
9/17 (목)	호치민	~ 07:30	조식 및 호텔 Check-out	공항 이동, 차량 50분 소요
		07:30 ~ 09:30	호치민공항 이동 및 탑승 대기	
	하노이	09:30 ~ 11:05	호치민공항 → 하노이공항(VN226)	비행시간 2시간 5분
		11:05 ~ 14:00	중식 및 C 공장 이동	차량 이동 1시간
		14:00 ~ 18:00	C 공장 현장 점검 및 업무 보고	C 공장장 수행
		18:00 ~ 20:00	석식	○○호텔 식당
		20:00 ~	호텔 이동 및 Check-in	
9/18 (금)	하노이	~ 08:00	조식 및 호텔 Check-out	
		08:00 ~ 09:00	하노이 법인장 업무 보고	호텔 내 레스토랑
		09:00 ~ 12:15	하노이공항 이동 및 탑승 대기	차량 이동 1시간
		12:15 ~	하노이공항 → 인천공항(KE480)	비행시간 4시간 20분
	인천	~ 18:35	인천공항 도착	
특이사항				

한다.

- 출발지를 구체적으로 명시한다. 자택인지, 사무실인지에 따라 이동시간이 달라질 수 있다.
- 교통편, 숙박 정보에 대한 구체적인 사항을 기록한다.
- 회의, 모임, 방문과 관련된 내용을 상세히 기록한다. 일시, 장소, 시간, 목적, 연락처 등이 있다.
- 도착일이나 해외에서 귀국일 당일에는 상사가 편히 쉴 수 있도록 가능하면 다른 업무 일정을 잡지 않도록 한다.
- 완성된 일정표는 출장 동행인, 출장지 담당자, 운전기사, 자택에 전달한다.
- 출력본과 이메일 전송 혹은 스마트 기기에 연동시켜 확인하기 쉽도록 한다.

4.2 출장 일정표 기재사항

날짜 및 요일	출장 시작 날짜, 회의 시작 날짜, 귀국 날짜 등
시간	출장 시작시간, 회의 시작 및 종료시간, 귀국시간 등
일정	출장 일정과 관련된 장소, 주제 등
면담/참석자	방문처의 회사명과 위치, 면담자의 소속과 성명, 연락처, 기타 면담 관련 정보 등
교통	항공편 출발 및 도착시간, 공항명, 예약번호 등
숙박	숙소명, 주소, 연락처, 예약 정보 등
귀국 일정	귀국 교통편, 도착일시, 도착 예정시간, 도착 공항명 등
기타	현지 긴급 연락처(호텔, 항공, 주재원 등), 회의 복장 관련 정보, 기상정보, 회의 자료, 상사 개인 기재사항 등

5 해외 출장 준비

해외 출장을 준비할 때에는 국내 출장과 달리 준비할 것이 많다. 출국과 입국에 필요한 여권(Passport)과 비자(Visa), 현지 소비에 필요한 환전, 검역 등 여러 출입국 수속이 필요하다. 새로운 환경에서 상사의 일정이 원활하게 진행되기 위해 가장 필요한 것은 철저한 사전 준비와 확인이므로 충분한 시간적 여유를 가지고 차근히 준비하도록 한다.

해외 출장 준비 시 필요한 항목

필요 항목	내용
여권	• 출국 시 필요한 여행자의 신분증이므로 본인 확인, 항공 이용, 호텔 투숙, 환전, 면세품 구입 등 많은 경우에 필요하므로 반드시 소지하도록 한다. • 여권의 만기일이 최소 6개월 이상 남았는지 확인하고 복사본을 꼭 챙겨 둔다.
비자	• 여행자가 특정 국가에 출입국해도 좋다는 증명서로 여권 내에 표기된다. • 출장 전에 여행사나 해당 국가 대사관에 문의하여 비자 발급 유무를 확인하도록 한다. • 비자 발급에 필요한 서류도 여행자의 방문 목적과 직업 등에 따라 다르고 그 규정이 나라마다 수시로 변경되므로 사전에 확인하여 여유를 가지고 준비한다.
환전	• 출발일 최소 이틀 전에 환전해 두며 전 세계 공용 화폐인 미국 달러나 현지국의 통화로 환전한다.(일본 제외) • 최근 신용카드의 사용이 편리하므로 상사와 의논하여 환전할 금액을 결정한다. • 환전 시 상사의 여권을 반드시 소지하고 원활한 활용을 위해 고액권과 소액권을 섞어서 환전한다.
출장 일정표 및 회의 자료	• 출장 일정표와 회의 시 필요한 서류 등을 준비한다.(출력본과 이메일용)
항공권, 숙박, 렌터카 예약 확인증	• 출력본과 이메일용을 모두 소지하여 상황에 맞게 사용한다.
명함	• 해외 출장일 경우 영문으로 된 명함을 반드시 준비한다.
노트북 및 휴대전화	• 충전기를 비롯하여 노트북과 휴대전화를 준비한다. • 휴대전화 로밍 서비스를 이용할 것인지, 현지 USIM을 사용할 것인지 미리 확인하여 준비한다. • 휴대전화로 현지 위치와 정보를 확인할 수 있는 애플리케이션을 설치하여 사전에 사용해 본다. • 해외에서 사용 가능한 휴대용 변압기를 반드시 준비한다.
개인 상비약	• 상사가 평소 복용하는 약이 있으면 여유 있게 넉넉히 준비한다. • 소화제, 감기약, 멀미약 등 비상약도 준비한다.
해외 여행 보험	• 여행 중 예상치 못한 질병, 사고 등을 대비해 여행자 보험에 가입해 둔다. • 여행사를 통해 미리 가입하거나, 출발일 당일 공항에 나와 있는 보험사를 통해 손쉽게 가입할 수 있다. • 보장기간, 보상내역 등을 확인한 후 가입한다. • 혹시 현지에서 사고가 발생한 경우 치료비 영수증, 의사 소견서 등 입증 서류를 구비하여 귀국 후 보험사에 청구한다.

5.1 출장 중 업무 보고 유의사항

상사는 해외 출장 기간 동안 사무실에 있는 비서를 통해 업무를 보고받고 회사의 상황을 파악할 수 있다. 상사가 자리에 없다고 해서 나태해지거나 업무 시간에 종종 자리를 비우는 일은 평소 쌓아 온 비서의 신임을 한순간에 무너뜨리는 행동이다. 따라서 비서는 상사와 기업을 대신한다는 마음가짐으로 솔선수범하는 태도로 평소보다 더 성실하게 업무를 수행하도록 한다.

- 상사가 출발하기 전에 업무를 중요도에 따라 분류하고 어떻게 보고하고 처리할 것인지를 확인받는다.
- 상사의 업무나 권한을 위임받은 업무 대리인을 확인하고 상사 출장 중 사안을 보고한다.
- 특정 시간을 정해 통화하거나 이메일이나 SNS를 통해 상사가 부재중이라도 업무를 보고한다.
- 부득이하게 자리를 비워야 하는 경우에는 다른 직원에게 반드시 알리고 외출 목적과 귀사 시각을 알린다.
- 평소 하지 못했던 서류나 파일을 정리하거나 앞으로 해야 할 업무를 여유 있게 준비하도록 한다.

5.2 상사의 출장 중 업무 처리

1) 전화 응대

상사 부재중 받은 전화는 상대방의 용건을 메모하여 상사 책상 위에 놓아 둔다. 발신인, 날짜와 시간, 통화 목적 등의 내용을 기록한다. 급한 사안은 중요도를 결정하여 상사에게 이메일이나 문자로 알린다.

2) 내방객 응대

상사의 부재중에 내방객이 방문하면 방문 목적을 파악한다. 방문객의 성명과 방문 목적 등을 묻고 상사가 귀국 후 방문객 명단을 확인하기 쉽게 날짜별로 방문객 명단 리스트를 만들어 둔다. 급한 용무를 가진 내방객의 내용은 상사에게 이메일로 알리고 업무 대리인에게도 알린다.

3) 우편물 정리

상사의 우편물은 개인 우편물과 업무용 서신 등 종류가 다양하므로 상사가 출장 가기 전에 상사에게 취급 원칙을 지시받는 것이 좋다.

- 개인 우편물 : 개봉하지 않는다. 발신인과 발신처를 확인한 후 상사에게 이메일로 보내거나 장기 출장의 경우 자택에 보내기도 한다.
- 특수 취급 우편물 : 개봉하지 않는다. 발신처 정보를 확인한 후 기록해 두고 상사에게 보고한 후 업무 대리인에게 전달한다.
- 업무용 서신 : 발신처를 확인한 후 개봉한다. 일부인(날짜 확인 도장, Date Stamp)을 찍은 후 복사해 둔다. 원본은 파일에 보관하고 사본은 업무 대리인에게 전달한다. 상사 출장 기간 중 회신을 요구하는 서신은 상사에게 보고하고 지시를 기다리며 업무 대리인과 논의한다. 필요 자료를 찾아본 후 회신에 대한 초안을 비서가 작성하기도 한다.

5.3 상사의 귀사 직전 업무

출장으로 자리를 비운 상사가 회사로 복귀한 후 원활하게 그간의 업무를 처리하기 위해서는 비서가 상사의 편의를 고려해 처리해야 할 업무를 정리해 둘 필요가 있다. 비서의 역량을 확인할 뿐 아니라 상사에게 신뢰감을 줄 수 있는 기회이다.

- 돌아오는 날짜, 시간, 비행편 등을 상사에게 상기시키고 기사가 차량을 준비할 수 있도록 한다.
- 상사가 귀사 후 즉시 업무에 복귀할 수 있도록 출장 중 발생한 업무를 용건별로 정리해 둔다.
  - 상사가 직접 처리해야 하는 사안 : 상사가 직접 확인하고 결제해야 하는 사안이며 중요도에 따라 첨부 자료와 함께 정리해 둔다.
  - 대리인이 처리한 사안 : 상사 출장 중 대리인이 처리한 업무로 처리 상황과 결과를 함께 정리해 둔다. 출장 중 보고한 내용은 상사가 알기 쉽게 표시해

둔다.

– 내방객 명단과 전화 목록 : 상사 부재중 내방객 방문 명단과 전화 목록은 표를 만들어 정리해 두며, 중요한 전화를 받고 대리인이나 비서가 회신한 내용은 따로 표시해 둔다. 긴급한 방문에 대해서도 기재하도록 한다.
– 각종 대내외 행사, 경조사 관련사항 : 대내외로 개최되었거나 개최 예정인 각종 행사 일정을 정리하고 경조사 관련 내용도 함께 정리하여 보고한다. 화환과 조화 발송, 축의금과 부의금 신청은 기한이 늦지 않게 상사의 지시에 따라 처리한다.

• 귀사한 당일이나 그다음 날 정도는 장시간 회의와 외부 일정을 잡지 않도록 조정한다.

5.4 상사의 출장 사후 처리 업무

공식적인 상사의 출장은 끝났지만, 비서는 또 다른 중요한 업무를 처리해야 한다. 바로 상사의 출장 사후 처리 업무이다. 출장 중에 발생한 업무 내용을 정리하고 이후 출장에 영향을 미칠 만한 내용을 정리하여 업무 효율을 높이도록 한다.

1) 출장 경비 정산

출장 기간에 발생한 모든 비용을 정산하는 업무이다. 영수증은 날짜별, 항목별로 정리하고 날짜와 항목은 형광펜 등으로 눈에 띄게 표시해 두면 처리하기가 쉽다. 회사가 정한 시스템의 매뉴얼 처리 방식에 따라 각 항목의 금액을 정산하고 예산을 초과하지 않았는지 확인한다. 출력 후 상사의 승인을 받고 복사해서 사본은 재경부 혹은 관련 부서에 전달하고 사본은 출장 경비 정산 파일에 날짜별로 정리해 둔다.

2) 출장 보고서 작성

출장 중에 처리한 전반적인 업무 내용 등을 정리해서 관련 부서에 제출한다. 상사의 지시에 따라 관련사항을 정리하고 추가로 처리해야 할 업무는 관련 부서와 협의한다.

출장 여비 사용 내역서 견본

<table>
<tr><td rowspan="4">출장 여비 사용 내역서</td><td>문서분류</td><td>경리/회계</td></tr>
<tr><td>페이지번호</td><td>1/1페이지</td></tr>
<tr><td>작성자</td><td></td></tr>
<tr><td>작성일자</td><td>20 . . .</td></tr>
</table>

<table>
<tr><td>출장명</td><td colspan="4"></td></tr>
<tr><td>출장지</td><td colspan="2"></td><td>교통편</td><td></td></tr>
<tr><td>출장 기간</td><td colspan="4"></td></tr>
<tr><td>출장 목적</td><td colspan="4"></td></tr>
<tr><td>업무 내용</td><td colspan="4"></td></tr>
<tr><td rowspan="5">출장자</td><td>소속(직책)</td><td>성명</td><td>소속(직책)</td><td>성명</td></tr>
<tr><td></td><td>㊞</td><td></td><td>㊞</td></tr>
<tr><td></td><td>㊞</td><td></td><td>㊞</td></tr>
<tr><td></td><td>㊞</td><td></td><td>㊞</td></tr>
<tr><td></td><td>㊞</td><td></td><td>㊞</td></tr>
<tr><td>항목</td><td colspan="3">출장비 사용 내역</td><td>금액</td></tr>
<tr><td>왕복 여비</td><td colspan="3"></td><td></td></tr>
<tr><td>현지 교통비</td><td colspan="3"></td><td></td></tr>
<tr><td>숙박비</td><td colspan="3"></td><td></td></tr>
<tr><td>식비</td><td colspan="3"></td><td></td></tr>
<tr><td>잡비</td><td colspan="3"></td><td></td></tr>
<tr><td>기타</td><td colspan="3"></td><td></td></tr>
<tr><td>총계</td><td colspan="3"></td><td></td></tr>
<tr><td colspan="5">※ 첨부 자료 : 증빙 자료 및 영수증</td></tr>
</table>

주식회사 ○○○○

3) 감사 카드 작성

상사가 출장 기간 중에 만난 거래처와 고객, 도움을 받은 사람들에게 감사 편지를 작성하여 발송한다. 초안을 비서가 작성하여 상사에게 보고하고 추가, 수정할 사항을 지시받는다. 편지를 발송하기 전에 발송 방법에 대해서도 상사와 의논한다. 감사 카드는 출장 후 가능한 한 빨리 발송하여 감사의 마음을 전하도록 한다.

4) 관련 서류와 명함 정리

출장 기간 중 사용한 각종 서류와 거래처 등에서 받은 명함도 정리해 둔다. 폐기할 문서와 보관할 문서를 상사와 의논하여 정리하고 명함은 명함 뒤쪽에 출장지와 날짜 등을 간략히 기록하여 명함첩에 보관한다.

출장 보고서 견본

출장 보고서

작성일 : 2020년 ○월 ○일
작성자 : ○○부 과장 홍○○
기간 : 2020년 ○월 ○일 ~ 2020년 ○월 ○일 (○일간)

우리 회사에서 추진 중인 신규 프랜차이즈 사업 계획 수립을 위해 동 분야의 선진 프랜차이즈 시장인 미국을 방문하였으며, 출장 결과를 다음과 같이 보고합니다.

1. 출장 개요

출장 지역 : 미국 뉴욕 외 5개 도시
방문 회사 : 프랜차이즈 대표 브랜드 '○○' 외 5개 회사
방문 기간 : ○월 ○일 ~ ○월 ○일 (○일간)

2. 출장 목적

당사에서 신규 프랜차이즈 브랜드로 출시 예정인 ○○○의 사업 계획 및 전략 수립을 위해 해외 출장을 계획함. 미국은 글로벌 프랜차이즈 브랜드가 많고, 해외 선진 프랜차이즈 기업의 마케팅과 홍보 사례를 조사하기에 적합하다고 판단하여 미국을 출장지로 결정함. 현지 시장을 조사하여 우리 회사의 ○○○ 사업에 적극 반영하고자 함.

3. 출장 인원

전략 총괄 : 기획실장 김○○

마케팅 담당 : 마케팅 팀장 최○○, 팀원 이○○, 팀원 김○○

프랜차이즈 개발팀 : 팀장 권○○, 팀원 홍○○

4. 현지 조사 결과

미국 시장은 프랜차이즈 브랜드가 과포화된 경향을 보이며, 도시에 따라 매출이 정체되거나 감소하는 지역이 있음. 그러나 식음료 분야의 프랜차이즈는 점차 확대되는 추세이며 이에 따라 브랜드 수도 증가하는 것으로 보임. 소비자들이 웰빙을 추구하는 경향이 점차 강해지면서 질이 낮거나 품질이 떨어지는 브랜드는 감소하고 있고, 웰빙 코드에 부합하는 브랜드는 빠른 속도로 증가하고 있는 것으로 파악됨. 뉴욕에서 조사한 결과 웰빙과 관련된 프랜차이즈 브랜드는 30% 이상 증가했으며, 다른 나머지 출장지에서도 25% 이상 증가한 것으로 조사됨.

5. 작성자 의견

미국 시장 조사 결과 기존에 패스트푸드 중심에서 점차 웰빙을 강조하는 브랜드가 확산되고 있으며, 이에 따라 질적 변화가 이루어지고 있다고 보임. 전 세계적으로 사람들의 건강에 대한 관심이 지속되고 있는 만큼 국내에서도 이와 같이 소비자의 건강을 중시하는 건강 트렌드에 부합하는 브랜드가 증가할 것으로 예상됨. 당사의 신규 프랜차이즈 ○○○ 역시 웰빙에 부합하는 콘셉트를 적극 수용하여 사업 개발을 진행해야 한다고 생각됨.

6. 첨부 자료

[자료 1] 방문 지역 내 프랜차이즈 브랜드 현황 및 매출 분석표

[자료 2] 신규 프랜차이즈 브랜드 소개 및 소비자 반응

[자료 3] 개인별 세부 일정표

[자료 4] 개인별 지출 경비 내역서

1. 출장 업무 절차

- 계획 수립 → 출장 품의 승인 → 업무 수행 → 결과 보고 → 비용 정산

2. 출장 계획안 필수 기재 요소

- 출장 목적, 출장지, 출/도착 일시, 출장 기간, 교통편, 숙박, 방문처, 준비 자료, 출장 여비

3. 이티켓(E-ticket) 확인사항

- 예약번호(Booking Reference)
- 성명(Name)
- 여정(Itinerary)
- 연락처(Contact Point)
- 승객 특별 요청사항(Service Request)
- 항공권 결제시한(Ticket Arrangement)

4. 출장 일정표 작성 시 유의사항

- 한 장의 표에 작성
- 날짜별, 시간대별, 국가 혹은 지역별로 상사의 기호를 고려
- 해외 출장 시 필요한 정보 정리
- 출발지를 구체적으로 명시
- 교통편, 숙박 정보에 대한 구체적인 사항을 기록
- 회의, 모임, 방문과 관련된 내용을 상세히 기록
- 완성된 일정표는 출장 동행인, 출장지 담당자, 운전기사, 자택에 전달

5. 출장 일정표 기재사항

- 날짜와 요일, 시간, 일정, 면담/참석자, 교통, 숙박, 귀국 일정, 기타(현지 긴급 연락처, 회의 자료, 현지 날씨 등)

6. 해외 출장 준비 시 체크 항목

- 여권, 비자, 환전, 출장 일정표, 예약 확인증, 명함, 노트북과 휴대전화, 여행자 보험, 여권 분실 시 서류(여권사진, 신용카드번호, 항공권번호, 신분증 사본, 여행자 수표번호)

CHAPTER

06

회의 관리 업무

학습 목표

1. 회의의 기능과 종류를 파악하고 비서의 회의 업무를 이해할 수 있다.
2. 회의를 위한 사전 업무와 진행 업무를 이해할 수 있다.
3. 내방객과 고객을 위한 의전 업무를 이해할 수 있다.

회의의 사전적 정의는 두 명 이상의 다수인이 모여서 어떤 안건을 의논 · 교섭하는 행위이다. 일정한 형식과 규칙을 준수하면서 개별 의제를 다수결 원칙하에 능률적으로 결정해 나가는 진행 절차를 말한다. 기업에서는 회의 목적에 따른 여러 회의를 다양한 장소에서 개최하며 비서는 회의의 원활한 진행을 위해 회의 진행 관련 업무를 수행하게 된다.

상사가 참석하는 회의일 경우, 일정을 미리 확인하고 장소, 시간, 참석 대상자, 회의 내용에 대한 기본적인 사항을 파악해야 한다. 6장에서는 비서의 회의 업무와 회의 진행에 따른 업무 등 전반적인 회의 업무에 대해 알아본다.

1 회의의 기능 및 종류

회사에서는 목적이 다른 회의가 여러 형태로 이루어진다. 비서는 직간접적으로 회의 진행 업무를 돕고 상사가 회의에서 역할을 충분히 다할 수 있도록 보좌하는 일을 한다. 또한 비대면 업무와 재택 업무가 증가하여 화상 회의를 하는 일이 많아졌다. 이처럼 시대의 흐름에 맞게 다양하게 변화하는 회의에 대비하기 위해 사전 준비를 철저히 하여 회의 진행이 원활하게 이루어지도록 한다.

1.1 회의의 기능

1) 문제 해결 기능

- 회사 내부, 외부에서 문제가 되는 사안에 대해 참석자들이 토론하여 문제를 해결할 수 있다.
- 참석자들을 의사결정에 참여시킴으로써 참여의식을 고취시킨다.
- 회의를 통해 추후 업무를 진행할 때 지속적인 협조가 이루어진다.
- 예로는 임원 회의, 부서장 회의, 전략 회의, 생산 회의 등이 있다.

2) 자문 기능

- 의사결정 시 전문지식이 요구될 경우, 관련 분야 전문가들로부터 자문을 얻기 위한 회의이다.
- 관련 이해관계자들의 공정한 조언을 얻을 수 있다.
- 예를 들면 공청회, 협의회, 기술협의 등이 있다.

3) 의사소통 기능

- 부서 간 또는 직위 간의 원활한 의사소통을 목적으로 이루어지는 회의이다.
- 서로 간의 의사 조율을 위해 다양한 사람들이 자신의 입장을 피력하고 타인의 의견을 수용한다.
- 회의를 통해 각자 다른 직무에서 활동하고 있는 사람들에게 업무 전반에 걸친 계획이나 일반적인 방침을 알리고 각자의 역할을 명시하여 중복이나 누락을 줄일 수 있다.
- 예로는 부서 회의와 조회가 있다.

4) 교육 훈련 기능

- 타인의 지식과 기술, 경험을 상대방에게 효과적으로 전수하고 설득하려는 목적으로 이루어지는 회의이다.
- 자신의 생각이나 아이디어를 상대방에게 효과적으로 전달하고 설득하는 기능을 가진다.
- 예로는 교육 훈련, 연수 회의, 사내 세미나 등이 있다.

1.2 회의의 종류

형태별 종류	참석자별 종류	목적별 종류
세미나 패널 심포지엄 버즈 세션 브레인 스토밍 의회형 회의	주주총회 이사회 중역 회의(임원 회의) 부장/팀장 회의 부서/팀 회의	설명 회의 연구 회의 문제 해결 회의 연수 회의 아이디어 회의

1) 형태별 종류

세미나(Seminar)

- 지정된 주제를 가지고 참가자들이 토론, 연구하는 방법이다.
- 대학에서, 교수의 지도 아래 특정한 주제에 대해 학생들이 모여서 연구 발표나 토론을 통해 공동으로 연구하는 교육 방법의 하나이다.
- 상호 간의 토론을 통해 의문점을 깊이 있게 탐구함으로써 연구자로서의 자질을 향상시키는 데 목적이 있다.

패널 토의(Panel Discussion)

- 여러 대표자가 청중 앞에서 토론한 뒤 전원을 대상으로 공개 토론이 이루어진다.
- 토의 참가자들이 주제에 대해 자유 토의를 하고, 토의가 끝난 후에 청중이 참여하여 질문을 하거나 의견을 제시하는 방식의 토의이다.

브레인 스토밍(Brain Storming)

- 자유롭게 정보나 의견을 발표하고 다양한 아이디어를 찾아내는 방식의 회의이다.
- 일정한 주제에 관해 회의 형식을 취하고, 구성원에게 자유 발언으로 아이디어를 제시할 것을 요구하여 발상을 찾아내는 방법이다.
- 원리
  - 한 사람보다 다수일 때 제기되는 아이디어가 더 풍부하다.
  - 아이디어가 많을수록 질적으로 우수한 아이디어가 나올 가능성이 크다.
  - 일반적으로 아이디어는 비판하지 않으면 많아진다.

- 브레인 스토밍에서는 어떠한 내용의 발언이라도 내용에 대해 비판해서는 안 되며, 다양한 아이디어를 전개해 나가도록 한다. 이를테면, 일종의 자유연상법이라고도 할 수 있다.
- 회의에는 리더를 두고, 구성원 수는 10명 내외를 한도로 한다.

심포지엄(Symposium)

- 전문가가 각자의 의견을 논하고 청중 혹은 사회자가 하는 질문에 답변하는 토의 형식으로 이루어진다.
- 여러 강연자가 한 가지 주제에 대해 각각 다른 입장에서 짧게 강연하고, 그 뒤부터 청중에게 질문을 하거나 의견을 받아 넓은 시야에서 문제를 생각하고 많은 사람들의 관심을 유발하고 결론을 끌어 내려고 하는 집단토론 방식의 하나이다.
- 이 방법은 참석한 사람들이 많으므로 압박감이나 시간의 제약 때문에 충분한 발언 기회를 얻기 어려운 단점이 있다.

포럼(Forum)

- 청중이 참가하는 집단토의의 한 방식이다.
- 제시된 과제에 대해 두 명의 전문가가 대화를 하여 토의 주제 내지는 화제를 제공함으로써 청중이 그 문제에 대해 생각해 보도록 하는 토의 방식이다.
- 소수의 발표자가 의견을 제시하고 청중이 토론에 참가하여 의견을 종합하는 형식으로 이루어진다.
- 공론식 토의법처럼 대립된 의견의 발표를 듣고 청중이 토의에 참가하는 방법이다.
- 강의 포럼, 영사 포럼처럼 어떤 매체를 사용하여 화제를 전개한 뒤 청중을 포함한 참가자들이 추가 토론을 하고 방향을 잡아 가는 형식 등이 있다.
- 참석자의 적극적인 발언과 참여가 성과를 높인다.

원탁 회의(Round Table Conference)

- 원탁에 둘러앉아 협의하며 타협을 모색하는 회의이다.
- 회의 참가자들이 석순의 서열에 집착하지 않고 대등한 관계에서 자유롭게 발언할

수 있는 회의로, 원탁을 이용한다.

- 서열을 명확하게 알리려면 입구에서 먼 자리를 상석으로 한다.

의회형 회의(Parliament Assembly)

- 의사록에 상정된 안건에 대해 사전 조사 및 자료 배포를 통해 충분히 연구한 뒤에 찬반 결정을 위해 열리는 회의이다.
- 토론보다는 채결을 중시한다.
- 주주총회 등 사람이 많을 경우나 시간의 제약이 따를 때 이용한다.

워크숍(Workshop)

- 전문적인 기술 또는 아이디어를 시험적으로 실시하면서 검토하는 연구회나 세미나이다.
- 절차는 문제에 따라 다르지만, 문제 제기, 문제 해결을 위한 조언, 문제 해결법의 강구와 해결, 잠정적 결론의 도출 등으로 나뉜다.
- 협의를 거쳐 얻은 결론은 어디까지나 가설적 성격을 지니며, 실천을 통해 그 결론의 타당성을 평가하게 된다.
- 최근에는 참석자의 자유로운 토론, 단체 활동을 통한 단합과 성장을 꾀하고 조직력을 개발하기 위한 모임의 방식을 뜻한다.

2) 참석자별 종류

주주총회(General Meeting)

- 주식회사의 주주들이 모여 상법에 정해 놓은 회사의 중요한 사안을 정하는 최고 의사결정회의
- 주주는 1주당 1개의 의결권을 가지며 의결권 행사는 직접 참석은 물론 위임장을 작성해 대리인을 통해서도 가능하다. 2개 이상의 주식을 가진 주주는 서로 다르게 의결권을 행사할 수도 있다.

주주총회 준비사항

1. 15일 전에 신문에 정기 총회 공고를 낸다.
2. 교실형으로 좌석을 배치한다.
3. 장소를 결정할 때에는 교통편만 고려하는 것이 아니라 회의 목적, 참석 인원, 비용, 근접성을 총괄적으로 고려한다.
4. 주주총회 소집 통지서에 일시, 장소, 결의사항을 명시하고, 의결권 위임장을 동봉하여 발송한다.

이사회(Board Of Directors)

- 주주로부터 회사의 경영을 위임받은 이사 전원으로 구성되며, 회사 업무 진행의 기본방침을 결정하는 기관이다.
- 업무 집행권을 가지는 상설적, 필요적 기관이다.
- 민법상의 법인과 상법상의 유한회사에서는 각 이사에게 업무 집행권을 부여하고 있다.

중역 회의(임원 회의, A Meeting Of Officers, A Directors' Meeting)

- 회사 운영 전반에 걸쳐 사업 계획, 운영, 업무 진행과 관련된 의사를 결정하는 회의이다.
- 정기적으로 특정한 날짜를 정해서 열리는 것이 일반적이다.
- 특별한 사안이 발생할 때에는 대표이사가 소집하기도 한다.

간부 회의(팀장 회의)

- 중간 관리자급에서 부서 간 협력 증대와 회사의 사업 계획을 구체화하는 회의이다.
- 일반적으로 특정 요일을 정해 정기적으로 열린다.

2 비서의 회의 업무

비서는 상사가 회의를 주관하는 경우와 회의에 참석하는 경우에 따라 그 역할이 다르다. 외부 회의에 참석할 경우에는 참석 여부, 회의 장소 파악, 회의 자료 준비 등의 업무를 처리하고, 회의를 주관하는 경우에는 회의 목적과 진행 방식을 빠르게 파악해야 한다. 또한 그 전에 회의의 준비 과정부터 폐회 후 뒤처리까지 전반적으로 회의 진행과 관련된 기본 업무를 파악하도록 한다.

2.1 비서의 회의 주요 업무

비서는 상사가 주최하거나 참석하는 회의가 원만하게 진행되기 위해서는 원활한 회의 진행을 위해 각종 준비를 하고 회의가 끝난 후 필요한 사무를 처리하는 등 보이지 않는 노력을 해야 한다.

비서는 회의에 직접 참석하지 않더라도 회의의 성격이나 참석자의 범위, 사회자의 진행 발언, 내용과 토론, 결정사항과 그 정리 등을 상사와 협의하여 녹음하거나 속기하도록 하여 능동적으로 대처한다. 회의에 관련된 업무는 상사와 상의하면서 순서대로 진행해 나간다.

비서가 수행해야 하는 회의 관련 업무

안내장의 작성과 발송	참석자의 명단 작성	통지서 발송
회의 장소의 선정과 예약	회의장의 운영	필요한 비품 준비
회의 자료의 준비, 작성, 배부	회의 참석자 접수, 출석 확인	미도착 인사에게 연락
다과와 식사 등 준비	폐회 후 뒤처리	회의록 작성과 배부

2.2 회의 계획

1) 상사가 회의에 참석하는 경우

- 상사에게 보고하여 참석 여부를 확인한다.
- 일정표와 대조하여 필요하면 일정을 조정한다.
- 참석 여부를 회신한다.
- 회의 시간과 장소를 확인하고 정확한 시간에 착오 없이 장소에 도착할 수 있도록 자동차 배치, 교통 상황 파악 등의 준비를 한다.
- 회의에 필요한 자료가 있으면 미리 준비하고 상사가 검토한 후 참석할 수 있도록

일정을 조정한다.

- 회의 장소, 담당자 이름과 연락처 등을 반드시 기록한다.

2) 상사가 회의를 주관하는 경우

- 회의 준비 전에 육하원칙에 의거하여 계획을 수립한다.

왜? (Why)	회의의 목적을 결정한다.
무엇을? (What)	의제를 결정하고 주요한 논점을 준비한다.
누가? (Who)	회의에 출석할 사람을 정하고 역할 분담을 계획한다.
언제? (When)	회의 개최 일정, 시간을 정한다.
어디서? (Where)	회의 장소를 정한다.
어떻게? (How)	토의 진행의 줄거리를 계획하고 경비, 자료 준비 등의 계획을 세운다.

- 회의 통지서 기입 내용
  - 회의 참석 통지문이나 이메일은 수신자를 생각해서 적어도 10일 전에는 발송하도록 한다.
  - 비정기 회의라도 2~3일 전에 연락을 취하지 않으면 상대방 일정에 맞추기가 어려울 수 있으니 사전에 연락하도록 한다.
  - 통지서에는 필요한 정보를 빠뜨리지 않도록 주의하고, 간단명료하게 표현하도록 한다.

- 회의의 명칭
- 회의의 의제
- 회의 일시 : 날짜, 요일, 회의 개시시간, 종료시간
- 회의 장소 : 장소, 소재지, 전화번호, 약도, 주차장 안내
- 회의 주최 : 주최자 이름, 전화번호, 주소, 이메일 주소, 담당자 이름
- 회신 마감일
- 자료 및 기타 주의사항 : 식사 준비 여부, 복장, 준비 자료 등

3) 외부 강사 초청 시 확인사항

- 강사의 약력과 강의안이 있는 경우 미리 받아 둔다.
- 회의 일시, 장소, 회의 목적, 참석자 인원, 회의실 배치 등 강사에게 필요한 정보

를 제공한다.

- 강연 시 필요한 물품과 기자재를 사전에 확인하여 준비하고, 강사에게 차편이나 그 밖의 편의 제공 여부에 대해 의논한다.
- 강사료와 관련된 사항은 영수증을 발부하여 사인을 받은 후 송금한다.

3 회의 사전 업무

회의 개최가 결정되면 가장 먼저 회의의 목적과 주 의제를 파악해야 한다. 원활한 진행을 위해 비서는 상사와 상의하여 회의의 목적과 특성에 맞게 준비해야 한다. 회의의 사안에 대한 결정 기한을 고려하여 회의의 시기를 결정하며 참석자의 범위와 그들의 동선을 종합적으로 파악하여 회의 장소를 결정한다.

아울러 회의의 전반적인 운영 계획에 대해서도 체계적으로 준비해야 한다. 회의의 사전 업무는 처음에는 대략적인 계획과 순서를 잡고 일이 진행되는 과정을 고려하여 구체화해 나가는 것이 효율적이다.

1) 회의 목적과 의제 파악

회의 참석자가 회의의 내용이나 결정사항에 대해 미리 숙지하여 준비해 오면 신속하고도 수준 높은 의사결정을 하여 회의의 효율성을 높일 수 있다. 회의의 성격에 따라 의제가 많거나 사전 연구 조사가 필요한 경우에는 의제로 제기된 과제나 소항목을 참석자들에게 미리 분담하여 준비해 오도록 하는 것이 좋은 방법이다.

2) 회의 시기 결정

회의 시기는 사안에 대한 결정 기한을 고려하여 결정하는 것이 가장 중요하다. 또한 참석자들의 개인 사정에 따라 날짜와 시간이 변경 가능한지 확인하고 상사와 상의하여 최종적으로 결정한다. 상사가 회의 일시를 결정하기 전에 다음과 같은 항목을 보고해야 한다.

- 반드시 참석해야 하는 인사의 일정을 고려했는가?
- 외부 강사, 발표자 등이 있는 경우, 이들의 일정을 고려했는가?

- 회의 시기가 회의 주제에 적합한가?
- 요일 선정이 적합한가?
- 회의 방식이 적합한가?
- 회의 시설을 예약, 이용하는 데 어려움은 없는가?
- 회의 참석자들에게 충분한 시간을 두고 회의를 통지할 수 있는가?
- 회의 참석 전에 의제에 대한 참석자들의 준비과정이 필요한가?

3) 참석자의 범위 선정

회의 방식에 따라 참석자들의 범위를 선정하고 필요시 사회자와 발표자 등도 확인해야 한다.

4) 회의 장소 선정

회의에 출석할 대략의 인원수, 회의의 목적과 종류, 내용, 격식, 시간 등을 고려하여 내부에서 할 것인지 외부에서 할 것인지 회의 장소를 결정한다.

5) 회의 운영 계획 수립

회의 준비 시 회의의 의제, 내용, 자료와 비품, 회의 중 접대 등 회의 운영 계획을 수립해야 한다. 체크리스트를 활용하여 사전에 필요한 자료와 비품, 회의실 기자재 구비와 사용 여부를 점검해 나가면 업무를 효율적으로 처리할 수 있다.

4 회의 관리

회의에 참석하는 인원수, 목적, 격식의 정도를 고려하여 회의장을 정하고 참석자의 직급 정도에 따라 좌석 배치를 바르게 결정하는 것도 중요한 일이다. 좌석 지정이 이루어지면 회의의 형태에 따라 명패를 준비하기도 한다. 아울러 회의에 필요한 자료는 시간적 여유를 두고 미리 받아 출력해 둔다. 기타 비품 역시 미리 준비해 두지 않으면 회의의 효율이 떨어질 수 있으므로 체크리스트를 만들어 일일이 확인하도록 한다.

4.1 회의장 준비

회의의 목적과 종류에 따른 장소 선정은 회의의 성공에서 매우 중요하므로 다음 사항을 고려하여 회의장을 선정한다.

- 회의의 참석자 인원
- 회의의 목적
- 회의의 종류
- 회의의 내용과 형식
- 회의 시간
- 회의 기자재 구비 여부

4.2 좌석 배치

회의의 목적과 성격, 참석자 수, 회의장의 크기 등에 따라 좌석 배치를 고려해야 한다. 특정한 자리를 배정하여 진행하는 경우에는 이름이 기재된 명패를 테이블에 올려놓아 원활한 회의가 될 수 있도록 준비한다. 사내 의전 규정을 따르며, 일반적으로 의장의 좌석은 진행하기 좋은 중앙에 배치하고, 내빈과 상사는 가능한 한 상석에 배치해야 한다.

- 원탁형 : 참석자들이 서로의 얼굴을 마주 보며 부드럽고 자유스럽게 대화할 수 있는 특징이 있다.
- ㄷ자형, V자형 : 개방된 공간에서 회의 주재자가 화이트보드나 스크린을 놓는 방식
- ㅁ자형 : 참석 인원 수가 원탁형의 적정 수보다 많을 때 배치하는 방식
- 타원형 : 원탁형의 장점을 가지고 회의실의 크기에 따라 유동적으로 적용하는 방식
- 교실형 : 설명회 또는 발표회 등과 같이 참석자가 많고 정보 전달을 목적으로 하는 회의일 경우 적용하는 방식

• T자형 : 회의 주재자의 책상과 수직이 되도록 배열하여 양쪽에 좌석을 배치하는 형식

원탁형	ㄷ자형, V자형	ㅁ자형	타원형	교실형	T자형

4.3 명패와 명찰

• 참석자의 좌석 지정은 하지 않는 것이 일반적이지만, 미리 정해 놓을 필요가 있을 때에는 탁자 위에 명패를 비치한다.

• 매번 명패를 제작하기는 어려우므로 투명 플라스틱으로 제작한다.

• 참석 인원이 많을 때에는 명찰을 만들어 회의장 입구에서 배부한다.(가나다순, 알파벳순)

4.4 회의 자료 준비

• 상사의 지시에 따라 회의 일정을 고려하여 충분히 시간적 여유를 가지고 준비한다.

• 참석자로부터 자료를 받아 사본을 만들어야 할 경우에는 회의 전에 받아 준비한다.

• 회의 목적에 따라 사전에 회의 자료를 확인하고, 필요할 경우에는 자료를 미리 인쇄하여 출석 전에 확인해 달라는 메모와 함께 참석자들에게 사전에 공지한다.

4.5 회의 비품 준비

• 회의 진행 시 사소한 비품이나 소도구류가 없는 경우 회의의 효율이 떨어지기 때문에 세심하게 준비한다.

- 회의 준비 체크리스트를 작성하여 철저하게 준비한다.
- 회의 준비에서 회의 종료 시까지 모든 준비사항을 하나하나 점검해 나가면 업무를 훨씬 효율적으로 처리할 수 있다.

5 회의 진행 업무

원활한 회의 진행을 위해 비서는 회의 당일 업무, 회의 개최 중 업무, 회의 종료 후 업무 등으로 회의의 흐름에 맞게 업무를 수행해야 한다. 회의장과 관련 시설 점검에서부터 회의 중 상사와 참석자들의 업무 보조를 위해 대기해야 하며, 회의가 종료된 후에도 회의 내용을 정리해 회의록을 작성하고 회의 참석자들에게 고마움을 표시하기 위해 감사장을 발송하는 등의 추후 업무가 있다.

5.1 회의 당일 업무

1) 회의 시설 점검

- 회의장에 일찍 도착하여 조명, 환기, 냉/난방, 책상과 의자 개수, 명패, 명찰 등 준비해 둬야 할 물건이 잘 정돈되어 있는지 재확인한다.
- 마이크와 녹음장치, 빔프로젝터 등을 시험해 보고, 의사 진행 순서를 잘 보이는 곳에 부착해 둔다.
- 회의용 자료, 메모지, 필기도구 등을 책상 위에 잘 정리하고, 정해진 자리 순서에 따라 명패를 놓는다.
- 다과와 접대용 비품이 잘 갖추어져 있는지 점검한다.

2) 접수 업무

- 등록부 또는 방명록에 서명을 받는다.
- 가나다순으로 정리된 참석자 명찰 중에서 해당 명찰을 골라 참석자에게 전달한다.
- 참석을 미리 통보하지 않은 사람이 참석할 경우를 대비하여 여분의 빈 명찰과 검정 사인펜을 준비한다.

- 참가비나 회의를 접수할 때 영수증을 발급한다.
- 식사시간이 있을 경우 식사 여부를 체크하여 정확한 인원을 알려 준다.
- 참석자의 주소록이나 신상의 변경사항을 체크한다.
- 회의용 자료나 회의 일정표, 기념품을 배부한다.
- 회의 참석자 출결사항을 확인하고 회의가 시작되면 상사에게 출결상황을 보고한다.
- 회의용 자료는 가능하면 사전에 배부하고 지참하지 않은 사람을 위해 여유분을 준비한다.

3) 안내 업무

- 회의의 전반적인 사항을 안내한다.
- 회의장 내에서의 기본 사항을 안내한다.
- 지정 좌석일 경우, 해당 좌석을 안내한다.

5.2 회의 개최 중 업무

1) 회의 진행

회의장 환경 점검

- 사내 회의의 경우, 비서는 자기 자리에서 업무를 계속하면서 긴급한 연락일 경우 상사에게 메모를 전달하거나 회의 중간에 음료와 다과 등을 접대하도록 한다.
- 회의장의 온도와 조명 등을 살피고 음료수나 기타 준비물도 수시로 점검하여 소진 시 채워 넣는다.

회의장 안에서 대기

- 상사의 눈에 띄기 쉽고 전체가 잘 보이는 입구 가까이에서 대기한다.
- 회의 진행에 따라 필요한 자료 준비, 참석자의 동정에 주의하여 도움을 준다.
- 회의 기록을 담당하는 경우, 녹음기로 녹음하며 회의 내용을 기록한다.

회의장 밖에서 대기

- 늦게 도착하는 참석자를 장내로 안내하고 밖으로 나오는 사람을 안내한다.
- 관계없는 사람이 장내로 들어가지 못하게 안내한다.

외부 전화 대응

- 회의 참석자에게 외부 전화가 왔을 때 긴급 상황이 아니라면 메모를 해 두었다가 회의가 끝난 후에 전달한다.
- 회의 참석자와의 직접 통화를 요청하거나 긴급사항일 때에는 메모를 해서 노크 없이 회의장에 들어가 해당 사람에게 전달하고 지시에 따른다.

회의 내용 기록

- 회의 진행 중 기록담당자가 별도로 지정되지 않으면 기록을 담당한다.
- 회사 내부 회의록 양식이나 표준화된 양식에 맞추어 기록하며, 회의가 끝난 후 가능한 한 빨리 정리하여 상사에게 제출한다.

2) 회의 진행 순서

- 개최 : 출석(정족수 확인), 개회 선언
- 전(前) 회의록 통과
- 의장(회장) 인사
- 특별 순서(감사장 증정 등의 순서가 있을 경우)
- 서기, 회계 보고
- 임원회/위원회 보고
- 전 회의에서 심의 미결된 안건
- 새로운 의사 진행
- 폐회 선언

3) 회의 관련 용어

- 정족수(定足數) : 회의를 개최하기 위해 필요한 최소한의 출석 인원수
- 동의(動議) : 의결을 얻기 위해 의견을 내는 일 또는 예정된 안건 이외에 전체 회

의에서 심의하도록 안을 내는 것

- 개의(改議) : 동의와 관련하여 수정된 의안을 발의하는 것
- 의안(議案) : 회의에서 심의하기 위해 제출되는 안건
- 발의(發議) : 회의에서 의견이나 의안을 내는 것
- 채결(採決) : 의장이 회의 참석자에게 거수, 기립, 투표 등의 방법으로 의안에 대한 가결 여부를 결정하는 것
- 표결(表決) : 채결에 참가하여 의안에 대해 찬성인지 반대인지 의사를 표시하는 것
- 표결(票決) : 표결하는 과정에서 거수나 기립이 아닌 투표로 채결하는 것
- 성원(成員) : 구성원
- 재청(再請) : 타인의 동의를 얻어 거듭 청하는 것

5.3 회의 종료 사후 업무

1) 회의 종료 직후 업무

참석자가 돌아갈 때

- 참석자의 명찰을 회수하고 보관하고 있던 물품을 전달한다.
- (전달할 메시지가 있을 경우) 메시지를 전달한다.
- 참석자가 빠뜨린 물건(서류, 안경 등)이 있는지 확인한다.
- 참석자를 배웅한다.

회의실 뒷정리

- 책상, 의자 등을 정리한다.
- 책상 위 다과 접시 등을 수거한다.
- 회의장에 가져온 자료나 회의용품을 챙긴다.
- 창과 출입문 등을 점검하고 출입구를 잠근다.
- 회의장을 관리하는 부서에 회의 종료를 알린다.

2) 회의 후속 업무

회의록 작성

회의록을 작성할 때 가장 유의할 점은 의제에 관련된 사항을 알기 쉽고 간결하게, 무엇보다도 정확하게 기록해야 한다는 것이다. 누가 어떤 내용의 발언을 했고, 그 발언이 어떻게 심의, 결정되었는지 등 회의의 진행 상황과 결과를 자세히 알 수 있도록 기록해야 하며, 동의, 제안, 질문, 설명 등은 따로 구분해서 기록해야 한다.

회의록 작성 요령

- 결재란 : 회의에 참석하지 않은 상사나 상부에 회의 내용을 전달하기 위한 결재 과정이다.
- 회의명 : 회의의 핵심 안건을 기재하는 항목, 여러 안건이 있을 경우 모든 적는 것이 좋다.
- 일시 및 장소 : 회의 개최 시기와 장소를 적는다.
- 회의 자료 : 회의를 진행하면서 필요한 자료를 첨부하여 회의 참석자들에게 배포한다.
- 참석자 명단 : 회의에 참석한 사람과 불참한 사람의 이름을 적은 명단이다.
- 회의내용 : 회의 안건의 세부사항을 적은 항목으로 회의 참석자들의 찬반의견이나 회의 중 논의된 사항을 일목요연하게 정리하고 회의 안건에 대한 진행사항이나 계획 등을 적으며, 다음 회의에 논의할 사항을 따로 기재해 둔다.
- 결재자 의견 : 회의록을 결재한 상사의 의견을 적는 항목이다.
- 문서번호 : 내부 문서체계 기준으로 문서코드와 고유번호를 부여하여 관리한다.

3) 감사장 발송

행사 종료 후 일주일 이내에 회사 참석자들에게 감사의 편지나 이메일을 발송한다. 연사를 초빙했을 때에는 연사에게 감사 편지를 띄우며, 새로 임명된 간부에게는 축하 이메일이나 카드를 보내야 한다.

6 의전 업무

회사를 방문한 손님에게 간단한 인사와 함께 차를 대접하는 것부터 넓게는 국가 간에 적용되는 개념까지 '예의'를 표현하는 업무가 바로 의전 업무이다. 이러한 의전 업무를 전문으로 수행하는 의전 비서는 국내에 비해 일본이나 미국 등에 더 많으며 국내에서도 그 중요성이 점차 부각되고 있다. 기본 예의와 국제 매너를 잘 숙지하여 '회사의 꽃'이라고 할 수 있는 의전 업무를 잘 수행하는 것은 전문 비서로서 역량을 강화할 뿐 아니라 회사의 긍정적 이미지 제고에도 큰 도움이 된다.

6.1 의전의 개념

의전은 예(禮)를 갖추어 베푸는 각종 행사 등에서 행해지는 예법으로 '사람과 사람의 관계를 평화스럽게 하는 기준과 절차'를 말한다. 예를 생활규범으로 일상생활 속에서 개인 간의 관계를 규율할 때 적용하면 예절(etiquette)이라고 하고, 일정하게 틀을 갖춘 조직단위, 국가 또는 국제간의 공식적 관계에 적용할 때에는 의전(protocol)이라고 한다. 오늘날의 의전은 행사에서만 나타나는 것은 아니며, 국민의례, 국기게양과 같이 국가 상징에 대한 예를 갖추는 것도 넓은 의미의 의전이라 할 수 있다.

6.2 의전 비서 업무

회사를 방문한 손님에게 차를 대접하는 것도 의전에 속한다. 의전의 기본은 '예의'다. 예절 바르고 친절한 비서의 의전을 통해 전문 비서로서의 역량을 보여 줄 수 있다.

- 국내외 방문객 영접 및 각종 예약 업무
- 외빈 방문 시 통역 및 일정 조정
- 외부 행사 대리 참석
- 사내 행사의 기획 및 진행 업무
- 상사의 매너 컨설팅 업무

6.3 의전의 기본 원칙

- 공적 직위가 없는 인사의 서열 기준은 전직(前職)과 연령을 기준으로 하되 행사 관련성도 고려한다.
- 정부기관 인사가 참여했을 경우, 직위가 동일할 때에는 정부조직법상의 순서를 기준으로 자리를 배치한다.
- 태극기와 외국기를 교차 게양할 경우에는 밖에서 보아 태극기의 깃대가 외국기의 깃대 앞쪽에 위치하도록 한다.
- 정부 의전 행사에 있어서 참여 인사에 대한 의전 예우 기준은 헌법 등 법령에 근거한 공식적인 것과 공식 행사의 선례 등에서 비롯된 관행적인 것으로 크게 구분할 수 있다.

6.4 국제 의전 원칙(5R)

- 상대방 존중(Respect) 원칙
- 상호주의(Reciprocity) 원칙
- 문화 반영(Reflecting Culture) 원칙
- 서열(Rank) 원칙
- 오른쪽(Right)이 상석

1. 회의의 기능

- 문제 해결 기능
- 자문 기능
- 의사소통 기능
- 교육 훈련 기능

2. 비서의 회의 주요 업무

안내장의 작성과 발송	참석자 명단 작성	통지서 발송
회의 장소의 선정과 예약	회의장 운영	필요한 비품 준비
회의 자료의 준비, 작성, 배부	회의 참석자 접수, 출석 확인	미도착 인사에게 연락
다과와 식사 등 준비	폐회 후 뒤처리	회의록 작성과 배부

3. 회의 준비 전 육하원칙

- 왜(Why) : 회의의 목적을 결정
- 무엇을(What) : 의제를 결정하고 주요한 논점을 준비
- 누가(Who) : 회의에 출석할 사람을 정하고 역할 분담을 계획
- 언제(When) : 회의 개최 일정, 시간을 결정
- 어디서(Where) : 회의장을 결정
- 어떻게(How) : 토의 진행의 줄거리를 계획하고 경비, 자료 준비 등을 계획

4. 의전 비서 업무

- 국내외 방문객 영접 및 각종 예약 업무
- 외빈 방문 시 통역 및 일정 조정
- 외부 행사 대리 참석
- 사내 행사의 기획 및 진행 업무
- 상사의 매너 컨설팅 업무

CHAPTER

07

보고, 지시 및 정보 관리 업무

1. 업무 보고를 위한 기본 원칙을 이해할 수 있다.
2. 업무를 지시받는 요령과 보고하는 방법을 이해할 수 있다.
3. 상사의 네트워크 관리와 비서의 정보 관리 요령을 파악할 수 있다.
4. 사무기기와 비품 관리를 통한 사무 환경 관리 요령을 파악할 수 있다.

비서는 상사의 업무 지시사항과 요청사항을 정확하게 파악하고 보고하는 업무를 수행하게 된다. 올바른 보고는 기업에서 중요한 의사 전달 방법이며 구두, 전화, 서면 등 다양한 형태로 이루어진다. 이와 더불어 비서가 반드시 필요한 내용을 적절한 시점에 정확하게 보고함으로써 상사는 업무 효율을 높일 뿐만 아니라 현명한 의사결정을 내릴 수 있다.

또한 최근에는 급변하는 정보 공유 방식을 통해 상사에게 전달할 수 있는 최적의 정보를 관리하고 소셜 미디어와 모바일 미디어가 주류를 이루는 근무 환경에 적응해야 한다. 7장에서는 업무 보고의 일반적인 원칙과 방법, 사무 환경 관리 및 상사의 정보 관리 등에 대해 알아본다.

1 보고의 일반사항

보고 업무는 상사로부터 보고를 받고, 보고하는 것으로 이루어진다. 상사가 보고하는 내용을 정확히 파악하여 완벽하게 수행한다는 것은 비서의 기본적인 자세이자 의무이다. 보고받을 때에는 상사의 보고사항을 복창하거나 메모하여 정확히 파악하도록 하여, 보고받은 업무를 개인적으로 추측하거나 짐작하여 업무를 부정확하게 처리하는 일이 없도록 한다.

1) 상사의 지시받기

- 상사의 지시사항을 정확하게 전달받고 내용을 파악해야 한다.
- 업무 지시사항을 육하원칙에 의거하여 정확히 파악하고 재확인해야 한다.

2) 메시지 전달하기

- 지시사항 내용에 따라 업무 담당자를 관련지어 파악한다.
- 지시사항을 전달할 방법(구두, 문서)을 결정해야 한다.
- 지시사항에 대한 보고기한을 관련 업무 담당자에게 정확하게 전달하고 그 내용을 확인할 수 있어야 한다.
- 예외사항이 발생할 경우에는 적합한 조치를 취할 수 있어야 한다.

3) 상사에게 보고하기

- 상사에게 보고할 내용을 정확하게 수집하여 검토해야 한다.
- 내용에 따른 보고 방법을 결정하여 보고할 수 있어야 한다.
- 지시사항에 대한 보고 후 추가적인 사항에 대해 조치를 취할 수 있어야 한다.

2 보고의 일반 원칙

비서가 상사에게 어떠한 때에 어떻게 보고하는지에 따라 상사의 의사결정이 달라질 수 있다. 올바른 보고를 위해 기본적으로 지켜야 할 다음 사항 등을 잘 숙지하여 업무 보고를 원활하게 하도록 한다.

1) 필요성의 원칙

- 보고의 용도를 명확하게 제시한다.
- 불필요한 보고는 하지 않는다.
- 활용할 목적에 합치되도록 보고한다.

2) 완전성의 원칙

- 관련된 자료를 철저하게 수집한다.
- 관련 사실과 결과를 완전히 정리한다.

3) 적시성의 원칙

- 경영 활동을 위한 전략적 또는 전술적 조치를 수행할 수 있도록 적시에 보고한다.

4) 정확성의 원칙

- 독단과 편견을 배제하고 공정한 판단에 의해 정확하게 작성한다.
- 불확실한 자료는 제외하고 임의성은 배제한다.

5) 간결성의 원칙

- 간결하게 내용을 요약한다.
- 보고 서식은 간단명료하게 한다.
- 이해하기 쉬운 표현을 사용한다.

3 업무 지시받기

비서는 상사의 지시를 받고 그 업무를 수행해야 한다. 빠른 보고 내용 파악과 보고받은 업무의 수행은 비서의 업무 역량과도 관계되며 이를 잘 수행했을 경우 상사와 기업의 큰 신임을 얻을 수 있다. 효율적으로 업무 지시를 받을 수 있도록 다음 사항을 잘 숙지하도록 한다.

1) 메모하기

- 상사의 지시사항을 정확하게 파악하기 위해서는 우선 메모할 준비를 해야 한다.
- 메모할 때에는 지시사항을 육하원칙 기준으로 작성한다.
- 메모 시에는 업무 지시 내용을 신속하게 작성한다.

2) 끝까지 듣고 질문하기

- 상사의 지시사항을 끝까지 경청하고 메모한다.
- 메모한 내용에 대해 이해하지 못한 부분은 지시가 끝난 후에 질문한다.

3) 반드시 복창하여 확인하기

- 상사의 지시가 끝난 후 지시 내용을 요약하여 한 번 더 복창해서 잘못 들었거나 누락된 사항이 없는지 재확인한다.
- 상사의 지시사항을 정확하게 확인하지 않고 본인의 판단으로 예측하여 업무를 처리하지 않도록 한다.

4) 즉각 착수하기

- 업무 지시를 받으면 그 즉시 착수하여 일을 진행한다.
- 지시를 받은 후에 바로 시작하기 어렵다고 판단될 때에는 상황을 정확하게 보고하고 다시 업무 지시를 받는다.

4 업무 보고하기

지시받은 수행 결과를 상사가 요청하는 기한 내에 수행하는 것이 가장 중요하다. 또한 어떤 보고 방법을 이용하는지도 중요하다. 지시한 내용에 대해 보고가 아무리 완벽하더라도 상사가 필요로 하는 시점에 완료하지 못하면 효용이 떨어진다. 보고 시에는 결론을 먼저 말하는 두괄식으로 보고해야 한다. 지시사항에 대한 결과를 먼저 알리고 그에 대한 부연설명을 해야 추측이나 억측을 피할 수 있다.

4.1 보고가 필요한 경우

- 지시받은 업무를 완료했을 때
- 장기적, 계속적인 업무에서 진행사항을 보고해야 할 때
- 지시받은 일이나 이미 승인된 작업 계획이 도중에 변경될 때
- 상사가 담당하고 있는 업무와 관련된 정보를 입수했을 때

4.2 보고 시 유의사항

- 지시한 사람에게 완료 후 직접 보고한다.
- 보고 내용이 긴 경우, 결론 → 경과, 이유 → 소견 등의 순서로 말한다.
- 보고할 내용이 여러 가지일 경우 전체 상황을 먼저 이야기하고, 하나씩 조목별로 번호를 매겨 이야기하는 것이 좋다.
- 듣는 사람이 확실히 이해하도록 수치를 사용하거나 명확한 표현을 쓰며, 말끝을 분명하게 맺는다.
- 보고는 시기가 매우 중요하며, 다음의 경우에는 일이 해결될 때까지 기다리지 말고 중간에 보고한다.
  - 일이 종료되었을 때
  - 어떤 문제가 예상될 때
  - 실수를 저질렀을 때
  - 갑자기 변경해야 할 때
- 일이 순조롭게 잘 진행되고 있는 사안에 대해서도 중간 보고는 필수이다.
- 상사에게 보고할 때에는 상사의 정면을 피한 측면의 적정 거리에서 보고한다.
- 보고가 길어지는 경우에도 상급자의 권유가 있을 때까지 자리에 앉지 않는다.

4.3 효과적인 보고 원칙

1) 간단명료하게 보고하기

- 주요 정보에 대해서는 간단하게 하며 추가적인 자료에 대해서는 첨부로 처리한다.
- 적정한 보고의 양과 질을 확보한다.

2) 신속하게 처리하기

- 지시받은 일을 처리하여 완료하면 즉시 보고한다.
- 상사가 재요청하기 전에 가능한 한 먼저 보고한다.
- 긴급한 상황일 때에는 대략의 내용을 먼저 보고하고 부족한 부분은 추가적으로 보고한다.

3) 사실 그대로 보고하기

- 최대한 객관적인 자료를 토대로 작성하여 보고한다.
- 추측이나 개인적인 예측으로 작성하지 않는다.
- 주관적인 의견이 필요할 때에는 반드시 명시해야 한다.

4) 현실과 경향을 동시에 파악하기

- 현상을 파악하여 경향을 분석하고 예측할 수 있도록 다양한 각도로 보고한다.

5) 유효성 있는 보고하기

- 보고 내용이 관리, 통제나 방침 결정에 유용해야 한다.
- 의사결정자가 즉시 활용할 수 있도록 한다.

5 업무 보고 방법

여러 가지 보고 방법 중 가장 보편적으로 사용하는 방법은 구두에 의한 보고와 문서에 의한 보고 두 가지이며, 문서와 구두를 병행하는 차트 보고가 있다. 최근 많은 기업이 비대면 회의 진행을 위한 원격 화상 회의 등을 선호함에 따라 전산망을 이용하는 다양한 보고 방법이 등장하고 있다.

5.1 구두에 의한 보고

면담을 통한 보고	보고자는 보고할 수 있는 분위기를 조성하고, 차분한 태도로 보고 내용을 정확하게 전달할 수 있게 명확하게 설명해야 한다. 특히 표준어를 사용하고 체계적이며 논리적으로 보고한다.
전화에 의한 보고	전화하여 음성으로 보고할 때에는 내용을 정확하게 전달하기 위해 내용을 요약해 보고한다. 보고하기 전에 반드시 내용을 요약, 정리해 둔다. 상대방이 빠른 시간 내에 보고받을 수 있게 결론부터 보고한 다음에 사후 설명을 진행한다.
화상을 통한 보고	면담 보고와 동일한 전달 방법이며 추가적으로 화면상으로 제한된 정보를 전달하기 때문에 표정을 관리하고 내용을 간단하게 전달한다. 또한 컴퓨터 문서로 병행 보고할 때에는 설명하고 있는 자료를 쉽게 찾을 수 있게 중간중간 위치를 말하고 상대방을 주의해 보면서 보고한다.

5.2 문서에 의한 보고

문서 보고는 보고서로 이루어진다. 작성할 때에는 다음과 같은 사항에 유의해야 한다.

보고 받을 상사의 입장에서 보고서를 작성한다.
보고서는 단순히 문장을 나열하는 것이 아니라 항목별로 구분하고 소제목을 붙여 체계화한다.
결론은 앞쪽에 기재하고 부연설명은 뒤에 작성한다.
객관적인 자료 분석 시 도표, 그래프 등을 활용하여 시각적으로 표현한다.
객관적인 사실과 주관적인 의견은 반드시 구분하여 기재한다.

6 기밀정보의 보고

문서 보안은 내부 정보 보안의 핵으로 비유된다. 기업의 기밀정보는 정보 보안을 위해 중요한 부분이다. 중요한 내용을 담고 있으나 효력이 없는 서류는 파쇄하는 것이 회사 정보 보호는 물론이고 기업을 존속시키는 최소한의 행위임을 기억해야 한다. 기업의 중요한 정보 자산의 상당부분을 전자문서가 차지한다는 것을 감안하면, 문서 보안만 잘 해도 정보 보안의 절반은 성공이라고 할 수 있다.

- 중요한 서류, 메모의 원본이나 사본을 쓰레기통에 함부로 버리지 않고 문서 파쇄기를 이용하여 파기하고, 문서 파쇄기가 없는 경우에는 여러 번 잘게 찢어서 원본을 알아볼 수 없게 해서 버린다.
- 회사 내 동료나 다른 부서의 상급자에게도 함부로 기밀을 말하지 않는다.
- 서류함 열쇠는 눈에 띄지 않는 곳에 보관하고 전자잠금장치의 비밀번호는 노출하지 않는다.
- 컴퓨터는 사용자 비밀번호를 설정하고 파일은 보완 설정을 하여 관리한다.
- 컴퓨터 파일에는 내부 보안 프로그램을 실행하고 외부로 반출되지 않도록 조치한다.
- 중요한 출력 서류와 이동식 저장장치를 자의적으로 회사 밖으로 유출하지 않는다.

- 사무실이나 회의실을 정비하면서 보안에 특별한 이상이 없는지 살핀다.
- 회사 밖의 사적인 모임에서 큰 소리로 회사 관련 이야기를 하지 않는다.
- 방문객이 회사나 상사의 근황에 관해 필요 이상으로 질문할 경우, 일단 주의하여 개략적인 답변만 한다.

7 비서의 정보 관리

비서는 상사의 일상 업무에 능동적으로 대처하기 위해서 급속하게 변화하는 사회의 흐름에 따라 정보를 수집하고 보고하는 업무에 철저해야 한다. 최근 IT 기술과 정보통신 기기의 발달로 수많은 정보를 빨리 파악하고 수집, 가공하는 정보 수집 능력은 상사의 원만한 업무 수행을 돕는 비서 업무 중 중요도가 높은 일이다.

7.1 정보 수집 방법

비서는 자료 수집과 관리를 지속적으로 해야 한다. 이 일들을 특정 업무가 아닌 일상의 업무로 인식하여 대내외적인 관련 정보를 수집하고 수집된 자료를 분석한 후 상사의 의사결정에 기초가 되는 자료로 활용할 수 있게 하는 것이 중요하다.

- 신문
- 일반 정기 간행물(잡지)
- 인터넷 정보
- 상사와 관련된 사내 공지 및 시행문
- 관련 단체와 협회에서 발행하는 정기 간행물

정보의 종류

시사, 경제 정보	경제 동향, 경쟁사 동향, 주가 추이 등
인물 정보	인물 동정(승진, 퇴사 등), 부음, 경조사, 인물 프로필 자료 등
보고서 자료	매출, 판매 보고서, 기획서 등

상사 발표 자료	각종 기고문, 보도자료, 기자 회견, 잡지 투고 등
상사 개인 자료	신용카드, 법인카드, 비자, 여권, 주민등록증, 자동차 면허증, 각종 마일리지 카드, 사용자ID와 비밀번호 등
통신 관련 자료	전화번호(사내, 자택, 휴대전화), 고객 전화번호 목록, 예약 전화번호 등

7.2 정보 관리 방법

- 상사의 관심 분야가 무엇인지 미리 파악한다.
- 상사 관심 분야의 기사, 간행물, 인터넷 등을 지속적으로 스크랩한다.
- 중요한 정보는 핵심만 요약하여 간략히 보고한다.

8 상사의 네트워크 관리

비즈니스의 기초는 인맥 관리이다. 비서는 상사의 교류 활동을 파악하고 원만한 활동이 이루어질 수 있도록 준비하여 돕는다. 상사와 친분관계나 거래관계가 있는 기관이나 개인에게 경조사가 발생했을 때에는 그에 맞는 관심을 표시하고 대응하는 것이 중요하다. 따라서 경조사 발생 시 그와 관련된 절차와 예의, 사내 규정 등을 미리 파악해 두고 적절히 대응하도록 한다.

8.1 경조사 관리 업무

구분	개인	회사
경사	취임, 영전, 승진, 표창, 신축, 하수(賀壽), 결혼, 출산, 입학, 졸업 등	창립기념, 개점, 개업, 지점 설립, 주식상장, 착공식, 준공식 등
조사	장례식, 재해, 입원, 제사 등	회사장, 퇴임식 등

8.2 경조사 준비사항

- 회사의 경조 규정을 꼼꼼하게 파악한다.

- 경조사와 관련된 상사의 기준을 파악한다.
  - 어느 정도 친분까지 상사가 직접 참석하는가?
  - 부조금의 적정 기준은 얼마인가?
  - 사내 부하 직원들의 경조사에도 참석하는가?
  - 경조사와 회사 일이 중복되면 어떻게 하는가?
- 파악한 상사의 기준으로 유형을 구분하여 경조사를 처리한다.
  - 보고와 지시 없이 비서가 처리하고 나중에 사후 보고하는 경조사
  - 보고하고 지시를 받아 비서가 처리하는 경조사
  - 상사에게 반드시 알려야 하는 경조사
- 매일 일간지의 인물 동정란, 부음란을 점검한다.
- 기본적인 경조사 예절은 평소에 익혀 둔다.

8.3 조전 및 화환, 부조금 보내기

1) 축조전 보내기

- 상사의 지시에 따라 전보를 이용할 경우, 문안 작성 후 사전에 보고하도록 한다.(경조 전보 표준 문안 참고, 정리 작업)
- 방문하는 것이 예의이지만 불가피한 경우에는 국내 전보로 전화 115, 인터넷 전보 사이트를 이용할 수 있다.

2) 화환 보내기

축하의 경우	• 분홍색 또는 빨간색 리본을 달고, 상황에 맞게 화원의 의견을 받아 문구를 쓴다. • 가격대는 수령인의 지위나 직위에 따라 다르나 10~15만 원 정도가 적당하다. • 회갑/결혼/생일에는 꽃바구니, 화환이 적당하다. • 취임/영전에는 양란, 동양란이 적당하다. • 개업/이전/준공에는 화환, 화분(벤자민/소철/행운목 등)이 적당하다.
조문의 경우	• 흰색(또는 노란색) 화환 또는 꽃바구니(국화/백합 등)가 적당하다. • 흰색(또는 검정색) 리본에 '謹弔'라고 쓰고 상사의 회사명, 직위, 성명을 기재한다.
문병의 경우	• 향기나 색이 짙지 않은 꽃바구니(또는 과일바구니)를 준비한다. • 리본에 '쾌유를 빕니다'라고 쓰고 상사의 회사명, 직위, 성명을 기재한다. • 화환 접수가 가능한 병원인지 확인한다.

3) 부조금 준비하기

조위금 (弔意金)	• 남의 죽음을 슬퍼하는 뜻으로 내는 돈이다. • 돈을 깨끗한 백지에 싸서 흰 봉투에 넣는다. • 봉투 겉에 '賻儀'라고 적고 속 봉투에는 '謹弔'라고 기재한다. • 봉투 뒷면에 회사명, 직위, 성명을 기재한다.
축의금 (祝儀金)	• 결혼, 회갑 등에 축하의 뜻을 나타내기 위해 내는 돈이다. • 가급적 깨끗한 지폐를 사용하고 축의금 봉투는 봉하지 않는다. • 봉투 겉에는 '祝 結婚' 또는 '祝 回甲'이라고 기재한다.

8.4 조문 업무

비서는 대내 또는 대외에서 상사와 관련된 관계자의 사망이나 가족상 소식을 들으면 상대방에게 사실관계를 확인하고 상사에게 보고한다.

1) 주요 보고 내용

- 상주의 성명, 주소, 전화번호
- 사망, 사고일시, 사인(死因)
- 문상 장소, 병원명과 장례실 위치, 호수
- 장례의 형식, 장소, 시각, 장지

2) 조위금과 조화 준비

3) 문상

- 문상을 가야 할 일이 생기면 가급적 검정색 옷을 입고 가는 것이 좋다. 이를 위해 상사의 검은 넥타이는 항시 준비해 둔다.
- 소식을 접하는 즉시 문상하는 것이 바람직하되, 사망 직후에는 준비할 시간이 없으므로 방문시간을 조정한다.

4) 문상 절차

조객록 서명	상가에 도착하면 조객록에 서명한다.
분향, 헌화	상주에게 목례 후 영정 앞에 무릎 꿇고 앉는다.
재배	영좌 앞에 일어서서 잠깐 묵념 또는 두 번 절한다.
조문	영좌 앞에서 물러나 상주와 맞절한다.
부의금 전달	부의금을 전달한다.(부의금 봉투는 반드시 밀봉한다)

8.5 연하장

- 연하장 발송 전에 발송 대상 명단, 주소, 인적 사항을 상사와 상의하여 확정한다.
- 연하장으로 사용할 견본과 문구를 상사와 상의하여 결정한다.
- 연하장의 수량을 확정하고 주문한다.
- 발송 주소록을 정리하고 레이블 작업을 하여 연하장을 완성, 발송한다.

9 사무 환경 관리

상사가 출근 후 가장 오랜 시간을 보내는 곳은 상사의 집무실이며 쾌적한 집무실 환경은 일의 능률을 높인다. 비서는 집견실뿐만 아니라 자신의 업무 공간과 회의실 등을 수시로 점검하고 여러 환경적 요소를 점검하여 깨끗하고 정돈된 상태로 유지하도록 한다.

9.1 사무실의 개념

- 기업의 통제기구가 있는 곳이며, 능률적 작업을 위한 문서기록이 준비되고 처리되며 공급되는 곳이다.
- 경영 조직 내의 모든 부문을 위한 문서 관리 및 메모리 센터이다.
- 정보 처리와 커뮤니케이션의 중심부이기도 하다.

9.2 사무실의 환경적 요소

1) 색채

- 바닥은 어둡게, 천장은 밝게 칠하면 안정된 느낌을 준다.
- 좁은 사무실은 밝은색으로 칠하는 것이 넓은 느낌을 준다.
- 채도가 높은 원색은 사무실에 적합하지 않다.
- 벽면과 바닥은 같은 계열의 밝은색과 어두운색을 사용하는 것이 무난하다.
- 햇볕이 잘 드는 사무실에는 차가운 색을, 북쪽 사무실에는 따뜻한 색을 사용한다.

적절한 사무 환경

구분	여름	겨울
온도	섭씨 26~28도(에어컨 사용)	섭씨 18~20도(중앙난방 혹은 온풍기)
습도	50~70%(습기 과다 시 제습기 사용)	60%대 유지(가습기 사용)

2) 공기

- 충분한 산소 농도와 공기 청정도를 유지한다.
- 실내 습도와 온도는 계절에 따라 적정 수준을 유지한다.
- 저온일 때에는 습도가 높은 것이 좋으나 고온일 때에는 습도가 낮은 것이 좋다.
- 먼지를 흡수할 수 있는 바닥재를 깔고, 정기적으로 청소하도록 한다.
- 책상 위나 용품 표면을 물걸레로 닦는다.
- 공기 청정기 필터는 정기적으로 교체한다.

3) 조명

- 채광량을 가능한 한 많게 하여 자연채광이 되게 하며, 블라인드나 커튼으로 조절한다.
- 인공조명을 사용할 때에는 직접조명과 간접조명을 병행하여 사용한다.
- 높은 조도가 필요한 사무실에는 스탠드를 병행하여 사용한다.
- 일반 사무실은 300~400럭스(Lux)의 조명이 적절하다.

4) 방음

- 소음이 발생하는 사무기기 아래에 고무판을 깔아 소리를 흡수하도록 한다.
- 사무자동화 기기를 구입할 때에는 될 수 있으면 소음이 나지 않는 제품을 선택한다.
- 바닥은 탄력성 있는 소재를 선택하여 바닥에서 발생하는 소음을 줄이다.
- 외부 소음이 심한 사무실일 경우 창문을 이중으로 하고 두터운 커튼을 사용한다.
- 외래 방문객의 출입이 잦은 부서는 입구 쪽에 집중 배치한다.

5) 사무 가구

- 전체 사무실과 조화를 이루는 가구를 구입하는 것이 좋다.
- 동일 브랜드의 가구를 구입하는 것이 사후 서비스에 유리하다.

10 사무 기기 및 비품 관리

업무 능률 향상을 위해 사용하는 다양한 사무 기기는 사용법을 포함하여 각각의 특징과 기능을 숙지해야 한다. 비서는 새로 보급된 기기는 물론이고 나날이 발전하여 기능이 다양해지는 첨단 사무 자동화 기기 사용법을 습득하고 업무에 활용함으로써 생산성을 향상시킬 수 있다.

10.1 사무 자동화 기기 관리

사무 자동화 기기는 자료 처리 기능에 따라 분류할 수 있다. 예를 들면 정보를 수집, 생산, 가공할 수 있는 기기, 정보를 저장하고 검색할 수 있는 기기, 정보를 전달할 수 있는 기기로 나누는 것이다.

사무 자동화 기기의 종류

구분	종류
정보 처리 기기	메인프로그램, 퍼스널 컴퓨터, 복합기, 전자출판 · 워크스테이션
정보 전송 기기	팩시밀리, 원격 회의 시스템, 다기능 전화기, LAN(근거리 통신망), 전자우편(e-mail)
정보 저장 기기	USB, CD Read/Write, 광파일 시스템, 반도체 저장장치
통신망	인트라넷, 익스플로어, 크롬
기타 사무 기기	복사기, 타임 레코드, 문서 세단기, 제본기 등

10.2 사무실 비품 관리

- 소모품은 부족하지 않게 넉넉히 준비하며 언제나 쓰기 쉽게 제자리에 둔다.
- 일부인(Date Stamp)은 매일 아침 제 날짜로 바꿔 놓는다.
- 인주는 수시로 면을 고르게 손질하고 스탬프의 잉크를 보충한다.
- 프린터, 복사기, 팩스는 용지가 채워져 있는지 수시로 확인한다.
- 금고나 캐비닛 등의 보안 점검에 유의한다.
- 화재 예방에 유의하고 소화기나 비상전화, 대피통로 등을 표시해 둔다.

7장 요약

1. 보고의 일반 원칙

- 필요성의 원칙
- 완전성의 원칙
- 적시성의 원칙
- 정확성의 원칙
- 간결성의 원칙

2. 업무 지시받기

- 업무 지시를 받을 때 메모
- 지시사항을 경청 후 질문
- 지시받은 후 복창하여 확인
- 지시받은 후 즉시 착수

3. 효과적인 보고 원칙

- 간단명료
- 신속
- 사실성
- 현실 및 경향 파악
- 유효성

4. 문상 절차

조객록 서명	상가에 도착하면 조객록에 서명한다.
분향, 헌화	상주에게 목례 후 영정 앞에 무릎 꿇고 앉는다.
재배	영좌 앞에 일어서서 잠깐 묵념 또는 두 번 절한다.
조문	영좌 앞에서 물러나 상주와 맞절한다.
부의금 전달	부의금을 전달한다.(부의금 봉투는 반드시 밀봉한다)

CHAPTER

08

인간관계 및 스트레스 관리 업무

학습 목표

1. 직장 내의 상사, 조직 구성원, 고객과의 이해관계를 이해할 수 있다.
2. 직장생활에 필요한 대화 예절을 이해할 수 있다.
3. 갈등과 스트레스 관리를 위한 효율적인 방법을 파악할 수 있다.
4. 비서의 효율적인 시간 및 경력 관리 방법을 이해할 수 있다.

조직은 공동의 목표를 달성하기 위해 사회 조직원들이 모여 있는 집단이며 성공적인 목표 달성은 인간관계에서 출발한다고 할 수 있다. 비서는 상사와 조직 구성원과의 중간자적 입장에서 서로가 신뢰감을 형성할 수 있도록 노력하여 업무의 시너지 효과를 발생시킬 뿐 아니라 조화로운 기업 문화를 구축할 수 있다. 8장에서는 상사와 조직 구성원, 고객과 이해관계자와의 관계와 체계적인 소통 방법, 갈등과 스트레스를 관리하는 방법뿐만 아니라 직장에서의 대화 예절, 비서의 시간 및 경력 관리에 대해 알아본다.

1 상사 및 조직 구성원과의 관계

상사와 가장 많은 업무를 수행하는 비서는 상사의 업무 방식과 성향 등을 파악하여 가장 안정적이고 성공적인 인간관계를 형성하고 유지할 수 있도록 해야 한다. 이러한 관계는 업무 성과에도 큰 영향을 주므로 평소 꾸준하게 노력하는 자세가 필요하다. 또한 업무상 다른 조직 구성원들과도 협업해야 하므로 우호적이고 친절하게 대하여 원만한 관계를 형성하도록 한다.

1) 상사와의 관계

- 비서는 상사의 업무를 보좌하는 역할을 하므로 상사의 업무 성향, 기호, 특성, 가치관과 태도 등을 잘 파악하여 업무의 효율성을 높이도록 노력한다.
- 상사와의 돈독한 신뢰관계 형성을 위해 책임감, 애사심, 정확성을 가지고 업무를 수행한다.
- 평소 상사를 존경하되 어렵게 느끼지 말고 열린 자세로 의사를 소통하도록 한다.
- 상사의 고충과 어려움을 이해하며 단점은 외부에 노출하지 않고 비서가 보완한다.
- 업무 방식이 서로 다를 때 비서의 방식을 주장하지 않고 상사의 방식을 이해하고 따르도록 한다.
- 상황에 따라 개인적 용무를 도와야 할 경우, 예의를 갖춰 과하지 않은 선에서 돕는다.
- 조직 내에서 가장 밀접한 관계이므로 존경심을 가지고 늘 한결같은 마음으로 대한다.

2) 조직 구성원과의 관계

- 동료는 조직 내에서 동반의 위치에 있는 관계이므로 호의적이고 친절하게 대한다.
- 동료에게 어려움이 있을 때 도와줄 수 있는 범위 내에서 적극적으로 돕는다.
- 조직에서는 다양한 동료들이 함께 근무하므로 각자의 업무 방식, 성격, 성향 등을 존중한다.
- 조직에서는 근무 연수가 우선하므로 나이가 적은 선배에게도 예의를 갖춘다.
- 나이가 많은 후배에게 존칭을 쓰고 예우하며 무시하지 않는다.
- 업무상 마찰이 생길 경우에 대화로 해결하며 사적 감정이 업무에 반영되지 않게 조절한다.

2 고객 및 이해관계자와의 관계

기업의 가장 중요한 자산은 고객이라고 할 수 있다. 많은 기업은 효과적인 고객 관리를 통해 영업과 마케팅 기회를 얻고 나아가 기업의 수익 창출을 도모한다. 비서의 호감 가는 응대 태도가 고객과 이해관계자들에게 미치는 긍정적인 파급 효과를 고려하여 친절하고 품격 있는 태도로 고객 한 명 한 명을 대하도록 한다.

- 고객은 회사의 중요한 자산이므로 예절 바르고 친절하게 응대한다.
- 고객에게 응대할 때에는 공과 사를 구분한다.
- 고객의 요구사항을 신중한 태도로 들어주며 적극적으로 응대한다.
- 비록 고객의 실수일지라도 이에 대해 논쟁하거나 고객에 대한 비평은 삼간다.
- 기다리는 고객에게 양해를 구하고 이유와 상황을 설명한다.
- 고객의 만족 여부를 확인하고 필요에 따라 추가적인 응대를 한다.

3 직장 대화 예절

긍정적인 인간관계 성립을 위한 가장 기본적인 방법은 바로 대화이다. 서로의 생각과 느낌을 언어를 통해 나타내고 상호작용하는 것은 갈등을 줄이고 서로를 존중할 수 있는 중요한 수단이 된다. 올바른 대화 예절로 상사와 조직 구성원과의 원활한 협력과 교섭을 이루도록 한다.

- 상대방의 직위, 성별, 성격, 특징에 따라 적정한 화법을 골라 사용한다.
- 대화를 할 경우, 시간과 장소 등을 고려한다.
- 상대방의 시선을 상황에 맞게 맞추고 편안한 자세로 듣는다.
- 상대방의 관심도에 맞추어 적절한 속도로 말한다.
- 상대방과 대화할 때 업무를 보거나 산만한 행동은 하지 않는다.
- 고객이 방문했을 경우, 개인적인 이야기는 삼간다.
- 회사 내에서 다른 직원의 험담은 하지 않는다.

4 갈등 및 스트레스 관리

대부분의 인간관계는 크고 작은 갈등을 수반한다. 조직의 규모, 구성원들의 업무 방식 등에 따라 다양한 갈등이 발생하는데 이를 잘 다루지 못하면 조직 구성원들의 스트레스로 이어질 수도 있다. 상황을 무마하고 회피하기보다 열린 자세와 긍정적인 마음으로 갈등과 스트레스를 현명하게 관리하고 활용할 수 있는 방안을 모색하도록 한다.

4.1 갈등 관리

갈등이란 개인 혹은 집단 내에서 목표나 이해관계가 달라 충돌하는 상태를 말하며 조직 생활 내에서는 필연적으로 발생하는 현상이다. 적절한 갈등은 문제점 인식을 통한 개선 방향 설정, 기업의 업무 효율성 증대, 사내 분위기 제고, 응집력 강화, 팀워크 향상 등의 긍정적 기능도 하지만 반대로 상호작용 감소, 불신, 조직 통합 저해 등 부정적 기능도 동반한다. 다음에 제시한 효과적인 갈등 관리 전략을 통해 슬기롭게 갈등을 해소하고 결과적으로 기업에 긍정적 영향을 미치도록 한다.

1) 공동의 목표 인식

조직 구성원들이 각기 다른 생각과 의견 충돌로 갈등을 겪게 되므로 다시 한번 공동의 목표와 방향을 환기해 준다.

2) 조직 구도 개편

조직 구조에 변화를 주는 것도 갈등을 해결하는 방안이다. 담당자 변경, 신규 조직 편성, 업무 배분 등 조직 구조 개편을 통해 새로운 업무 체계와 분위기를 조성하여 갈등을 해소할 수 있다.

3) 타협

갈등을 겪고 있는 당사자들이 상호 대립하고 있는 부분을 양보하고 협의하여 공동의 결정을 내리는 것이다. 상황에 따라 제3자의 중재가 필요하기도 하다. 서로가 조금씩 양보해야 타협점을 찾을 수 있으므로 상대방의 의견을 존중하고 양보하는 자세가 필요하다.

4.2 스트레스 관리

조직에서의 스트레스는 개인을 심리적, 신체적으로 불안정한 상태에 이르게 하며 조직 구성원들과의 관계를 악화시키고, 나아가 주어진 업무를 수행하는 데도 큰 어려움을 겪게 한다. 하지만 갈등과 마찬가지로 조직 내 스트레스 역시 조직이 존재하는 한 꾸준히 발생하므로 올바르게 예방하고 관리하여 현명한 직장 생활을 하도록 한다. 이를 위한 스트레스 관리 요령은 다음과 같다.

- 서로 다른 조직원들이 함께 근무하게 되므로 다름을 인정하고 수용하는 자세가 필요하다.
- 감정에 치우치지 말고 목표의식, 업무 성과와 같은 건설적인 생각에 집중한다.
- 자신만의 규칙적인 회사 생활 가이드라인을 만든다. 예를 들어 오전시간, 점심시간 등을 활용하여 본인만의 휴식, 취미 시간을 갖는다.
- 스트레스로 인해 불안하더라도 자신이나 자신이 수행하는 업무 자체를 비하하거나 비관적으로 보지 않는다.
- 퇴근 후 건강 관리를 위해 자신에게 적합한 규칙적인 운동을 한다.
- 주말과 휴일에는 업무를 잠시 잊고 가족이나 지인과 함께 새롭고 다양한 주제로 대화하면서 여유를 즐긴다.

5 비서의 시간 및 경력 관리

저명한 기업 총수들이 성공비법으로 꼽은 요소 중 하나가 바로 '시간 관리'이다. 누구에게나 주어지는 가장 소중한 자원을 어떻게 사용하는지는 각자의 노력에 달려 있다. 주어진 시간의 속성을 이해하고 시간 활용을 위한 계획을 수립하며 꾸준한 습관을 통해 효율적으로 시간을 관리하도록 한다. 또한 비서는 급변하는 기업 문화에 적극적으로 대처하고 새로운 업무에 도전하여 스스로 업무 능력을 확장시키면서 경력을 관리하도록 한다.

5.1 비서의 시간 관리

우리는 모두 똑같은 양의 시간을 할당받는다. 하지만 직장 생활을 하다 보면 조직원마다 같은 시간 내에 일을 하더라도 이루어 내는 업무의 양과 그에 따른 성과가 다르게 마련이다. 물론 개인의 능력도 영향을 미치겠지만 그에 못지않게 어떻게 시간을 활용해서 일을 처리하는지도 큰 영향을 준다. 즉 시간을 잘 관리하는 능력이야말로 성공적인 직장 생활을 위해 반드시 필요하며 시간 관리 능력에 따라 업무의 효율성과 질이 달라질 수 있음을 명심해야 한다. 이를 위해 다음의 올바른 시간 관리 기본과 요령을 잘 알아 두고 실천하도록 한다.

1) 효율적인 시간 관리의 기본 원칙

- 출근과 퇴근 시, 업무와 업무 사이에는 약 10분 정도의 여유를 둔다.
- 주어진 업무의 우선순위를 정한다. 순위를 정할 때에는 업무의 중요도와 긴급도, 상사의 기호 등을 고려한다.
- 알아보기 쉬운 자신만의 시간 계획표를 작성하여 업무에 활용한다.
- 효율적인 시간 활용을 저해하는 불필요한 요소를 제거한다. 예를 들어 불필요한 복사, 불필요한 전화와 외부인 방문, 중복된 서류 관리 등이다.
- 가외로 생긴 여유 시간은 예정된 개인 업무 선처리 및 새로운 업무 개발 방법 연구 등 효율적인 방법으로 활용한다.

2) 효율적인 시간 관리 요령

즉시 처리의 원칙

주어진 업무를 미루면 업무 누락, 마감시간 초과에 따른 크고 작은 실수 등 여러 가지 문제가 뒤따른다. 비서에게 주어진 일은 즉시 처리한다는 마음가짐으로 매 순간 긴장하고 집중하여 업무를 처리한다.

계획에 의한 업무 추진

계획적인 업무 처리는 목표를 달성하는 데 시간과 에너지를 효과적으로 사용할 뿐 아니라 제한된 시간 내에 업무를 처리할 수 있는 장점도 있다. 업무의 순서와 방향을 상사와 협의하여 사전에 철저한 계획을 수립하고 추진한다.

상사와의 업무 및 시간 조정

전반적인 비서 업무는 상사의 업무와 연관되며 상사 업무 효율을 증진하기 위해 필요한 업무임을 명심해야 한다. 비서의 일정을 상사의 일정에 맞춘다는 생각으로 항상 상사와 소통하고 협의하여 업무 및 시간을 조정한다.

스스로의 통제

효율적인 시간 관리를 위해서는 반드시 자신의 노력이 필요하다. 시간을 효율적으로 활용하기 위한 사무실과 책상 정리, 파일 정리 등과 같은 기본적인 생활 습관을 유지하고 기록을 생활화한다. 업무량이 갑자기 증가하거나 예상치 못한 업무를 시급하게 처리해야 할 때에도 당황하지 말고 잘 해낼 수 있다는 마음가짐과 집중력으로 순서에 맞게 하나씩 처리한다.

5.2 비서의 경력 관리

1) 자기 개발의 필요성

- 급변하는 기업 문화는 진화하는 사무 관리 프로그램, 비대면 소통을 위한 뉴 미디어의 출현 등 다양한 변화를 동반한다. 비서는 이러한 변화하는 환경에 적극적으로 대처하고 능동적인 업무 처리 능력을 향상하기 위해 꾸준하게 자기 자신을 발전시켜야 한다.
- 단순한 비서 업무 처리 이외에 기업 전반을 경영하는 상사를 위해 경영 전반에 대한 폭넓은 이해와 지식이 요구된다. 경영을 전공하지 않았다고 하더라고 관련 서적으로 공부하다 보면 회사 경영의 전반적인 프로세스를 이해하게 되며 상사 업무 보좌에도 큰 도움이 된다.
- 외국계 기업이나 글로벌 기업으로 성장하는 기업의 비서는 영어를 포함한 다양한 제2외국어 능력이 필수 요건이다. 듣기, 말하기, 읽기, 쓰기 등 언어의 전반적인 영역에서 유창한 실력을 기르도록 평소 꾸준히 학습한다.
- 그 외에도 프레젠테이션 능력, 대인관계 능력 등 회사 생활 전반에 필요한 능력을 대내외 교육과 연수를 통해 개발한다.

2) 자기 개발 방법

- 현재 기준에서 실현 가능한 구체적인 단기 및 장기 목표를 설정한다.
- 문서작업 시 내용을 스스로 이해하고 궁금한 점을 관련 담당자나 상사에게 질문하는 적극적인 태도는 실무 이해 능력을 증진한다. 특히 외국인 임원 비서의 경우, 상사와의 커뮤니케이션으로 비즈니스 영어 실력이 향상될 수 있다.
- 비서는 타 부서의 서류와 문서를 처리하는 일이 많으므로 관련 부서의 업무 내용도 파악하면 상사의 전반적인 업무 처리에 도움이 된다.
- 회사의 업종이나 제품과 관련된 꾸준한 학습은 비서의 업무 관련 지적 능력을 향상시킨다.
- 비서 자신의 삶의 질 향상은 업무의 질 향상과도 연관이 있다. 개인 시간을 활용하여 평소 좋아하는 취미, 여가 생활을 함으로써 건강한 심신 상태를 유지한다.
- 타 부서 업무를 병행하는 것도 업무 능력 향상에 큰 도움이 되므로 기회가 된다면 겸직을 하는 것도 좋다.

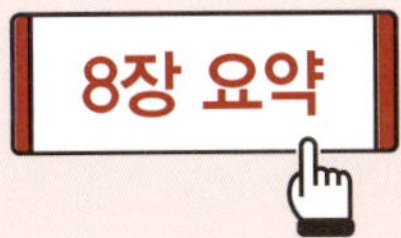

1. 상사와의 원만한 관계

- 상사의 업무 성향, 기호 등을 잘 파악하고 업무의 효율성을 높이도록 노력
- 책임감, 애사심, 정확성을 가지고 업무를 수행
- 열린 자세로 커뮤니케이션 수행
- 업무 방식의 차이가 있을 때 상사의 방식을 이해
- 개인적 용무를 도와야 할 경우, 예의를 갖추어 과하지 않은 선에서 수행
- 존경심을 가지고 늘 한결같은 마음으로 대함

2. 조직 구성원과의 원만한 관계

- 동반의 위치에 있는 관계이므로 호의적이고 친절하게 대함
- 어려움이 있을 경우, 도와줄 수 있는 범위 내에서는 적극적으로 협조
- 각자의 업무 방식, 성격, 성향 등을 존중
- 선배가 나이가 적은 경우라도 예의를 갖추어 대함
- 후배가 나이가 많은 경우, 존칭을 쓰고 예의를 갖추어 대함
- 마찰이 생길 경우, 대화로 해결하도록 하며 개인적인 감정은 배제

3. 고객을 응대하는 자세

- 항상 예절 바르고 친절하게 응대
- 공과 사를 구별하여 응대
- 요구사항에 대한 신중한 태도와 적극적인 응대
- 고객의 실수에 대한 논쟁과 비평 금지
- 기다리는 고객에게 이유와 상황 설명
- 고객 만족 여부 확인

4. 효과적인 갈등 관리 전략

- 공동의 목표 인식
- 조직 구도 개편
- 타협

5. 직장 스트레스 관리 요령

- 다름을 인정하고 수용하는 자세
- 자신만의 규칙적인 회사 생활 가이드라인 생성
- 퇴근 후 건강 관리를 위해 자신에게 적합한 규칙적인 운동
- 주말과 휴일에는 개인적인 휴식

6. 효율적인 시간 관리 요령

- 즉시 처리의 원칙
- 계획에 의한 업무 추진
- 상사와의 업무 및 시간 조정
- 스스로의 통제

PART

2

사무 영어회화

많은 기업들은 국제 기업들과 교류할 때 대부분의 업무를 국제 공용어인 영어로 진행한다. 이에 각 기업에서는 기업의 국제 경쟁력을 강화하기 위해 직원들의 영어능력 향상에 특별한 관심을 기울이고 있다. 특히 상사의 업무를 돕고 의사결정에 큰 영향을 주는 비서는 국제 공용어인 영어 실력을 반드시 갖추어야 하는데, 언어의 전 영역(듣기, 말하기, 읽기, 쓰기)을 이해하는 능력이 필수이다.

제2부에서는 비서가 사무실에서 사용할 수 있는 사무 영어회화에 중점을 두고 상사나 고객과의 관계에서 사용 가능한 영어 표현을 학습한다.

PART

2

사무 영어회화

CHAPTER

09

전화 응대

1. 전화를 걸고 받을 때 인사와 표현을 자연스럽게 말할 수 있다.
2. 상대방의 전화 메시지를 파악하고 필요시 전화 연결을 위한 표현을 말할 수 있다.
3. 상사의 여러 상황에 맞는 전화 응대 표현을 말할 수 있다.

전화 통화 관련 유용한 어휘 및 어구

business call 업무 전화
personal call 개인 전화
area code 지역 번호
country code 국가 번호
overseas / international call 국제 전화
engaged call 사용 중인 전화(= busy signal)
telephone directory 전화번호부
extension 내선
phone interference 전화 혼선
caller ID 발신자 정보
receiver 수신인
wrong number 잘못된 전화번호
dial a telephone number 전화번호를 누르다
hang up 전화를 끊다
leave a message 메시지를 남기다
emergency call 비상 전화
urgent call 긴급 통화

최근 비대면 업무의 보편화를 통해 기업의 근무 방식에도 변화가 생겨났으며 정보기술을 활용한 스마트 워크가 자리 잡고 있다. 이러한 변화의 흐름 속에서 비서가 국제 공용어인 영어로 전화 응대를 하는 일이 증가하고 있다. 상대방의 목소리만으로 업무를 처리해야 하는 업무이므로 기본적이고 정확한 표현 등을 익혀 원활한 소통을 할 수 있는 실력을 기르도록 한다. 9장에서는 다양한 상황에서 영어로 걸려오는 전화를 응대하고 용건을 파악해 상사에게 잘 전달할 수 있는 중요 기본 표현을 알아본다.

1 전화 응대 시 첫인사

영어 전화 응대는 기본적으로 전화를 걸 때와 받을 때로 구분할 수 있다. 전화를 걸 때는 전화를 받는 상대방의 시차를 고려하여 때에 맞는 인사말로 시작하며 전화를 건 용건과 통화하고자 하는 대상을 언급하도록 한다. 전화를 받을 때는 전화를 받는 사람의 소속, 신분을 명확히 말한다. 모든 상황에서 긴장하지 말고 기본적인 표현을 기억하고 상기시키면서 차근히 응대하도록 한다.

1.1 전화를 걸 때

- Hello, can / may I speak to ___?
  안녕하세요? ~ 씨와 통화할 수 있을까요?
- Hello, is ___ there?
  안녕하세요? ~ 씨가 자리에 계실까요?
- Hi, I would like to speak / talk to ____.
  안녕하세요? 저는 ~ 씨와 통화하고 싶습니다.

1.2 전화를 받을 때

1) 전화를 받고 응대하는 순서

때에 따른 인사

- Good morning / afternoon / evening
  좋은 아침 / 오후 / 저녁입니다.

회사명 / 전화를 받는 사람

- LET Company, this is Sarah speaking.
  LET 회사의 Sarah입니다.

상사 집무실 명칭 / 전화를 받는 사람

- Mr. Kwon's office, Sarah speaking.
  권 사장님 집무실 Sarah입니다.

대화를 시작하는 인사

- How can I help you?
- How may I help you?
- Can I help you?
- May I help you?
  어떻게 도와드릴까요?

2) 전화 응대 예문

- Good morning. Predentice. Browne speaking. How can I help you?
  좋은 아침입니다. Predentice입니다. 저는 Browne입니다. 어떻게 도와드릴까요?
- Good afternoon. SOLE, CEO office, Julie speaking. How may I help you?
  좋은 오후입니다. SOLE의 사장실입니다. 저는 Julie입니다. 어떻게 도와드릴까요?
- KLT. This is Kang.
  KLT의 강 비서입니다.
- Sales New Company. Executive manager's office. This is Ms. Lee speaking. How may I help you?
  Sales New 회사의 중역실입니다. 저는 이 비서라고 합니다. 어떻게 도와드릴까요?

2 용건 파악

영어로 걸려오는 많은 전화에 효율적으로 응대하기 위해서는 전화를 건 목적을 분명히 하는 것이 중요하다. 그 목적에 따라 응대 방법 및 태도가 달라질 뿐 아니라 중요도를 파악할 수 있기 때문에 업무의 효율성도 높아진다. 수신인의 정보 역시 반드시 파악해야 하므로 회사명, 소속, 직급, 성명을 확인하여 상사에게 정확히 전달할 수 있도록 한다.

2.1 수신인 정보 파악

- Could I ask who's calling, please?
  누구신지 여쭤 봐도 될까요?
- What company are you calling from?
  어느 회사에서 전화 주신 건지요?
- May I ask who's calling, please?
  실례지만 누구신지요?
- Could I have / ask your name, please?
  성함을 여쭤 봐도 될까요?
- Do / Would you mind if I ask your name?
  성함을 여쭤 보는 것이 실례일까요?

2.2 전화 용건 파악

- Could I ask the purpose of this call?
  전화한 목적이 무엇인지 여쭤 봐도 될까요?
- Can I ask what this call is about?
  무슨 용건으로 전화하셨는지요?

3 메시지 및 연락처 전달

통화 중 중요한 내용, 전달사항, 연락처 등을 기록하도록 한다. 전화 내용의 메모는 업무 내용을 정확히 확인할 수 있는 중요한 수단이기에 중요한 내용을 가능한 한 상세히 기록할 필요가 있다. 혹시라도 정확하게 이해하지 못했을 경우에는 상대방에게 정중한 표현으로 다시 내용을 문의하도록 한다.

3.1 메시지와 연락처 파악

- Could I take a message?
  제가 당신의 메시지를 받아도 될까요?
- Do you want me to take a message for you?
  제가 당신의 메시지를 받기를 원하십니까?
- Would you like to leave a message?
  메시지를 남기시겠습니까?
- Could you leave me your contact information?
  연락처를 남기시겠습니까?
- Could you provide me with your contact information?
  연락처를 주시겠습니까?
- If you leave your phone number, I will call you back later.
  연락처를 남기시면, 제가 추후에 다시 전화드리겠습니다.
- Please call me back later when you are available.
  가능하실 때 다시 전화 주시기 바랍니다.

★ **call back** : 다시 전화하다

3.2 내용을 잘 못 들었을 때 응대

- I'm sorry. Could you say that again?
  죄송합니다. 다시 한번 말씀해 주시겠습니까?
- Would you mind saying that one more time?
  한 번 더 말씀해 주실 수 있으실까요?
- I beg your pardon?
  다시 말씀해 주시겠습니까?
- Excuse me?
  다시 말씀해 주시겠습니까?
- Sorry?
  다시 말씀해 주시겠습니까?

- Could you repeat your phone number, please?
  연락처를 다시 말씀해 주시겠습니까?
- Let me repeat your name. Is that correct?
  성함을 다시 한번 불러 보겠습니다. 맞습니까?

★ **Would you mind ~ + ing?** : '제가 ~해도 꺼리지 않으시겠습니까?'라고 공손하게 부탁 혹은 양해를 구하는 표현

4 전화 연결

전화를 연결할 때 필요한 영어 표현을 익힌다. 통화 품질, 주변 환경, 기타 이유로 통화가 원활하지 않을 경우, 상황을 설명할 수 있도록 한다.

4.1 전화 연결

- Could you ask him to call me back when he comes back to the office?
  그가 사무실에 돌아오면 제게 다시 전화해 달라고 전해 주시겠습니까?
- One moment please, I will put you through to Mr. Jason.
  잠시만 기다려 주세요. Jason 씨에게 전화를 연결하겠습니다.
- Could you hold on just a few minutes? I'll transfer your call to Mr. Back.
  잠시만 기다려 주시겠습니까? Back 씨에게 전화를 돌려 드리겠습니다.
- Just a moment please. I'll connect you to the manager.
  잠시만 기다려 주세요. 사장님께 전화를 연결하겠습니다.

★ **put someone through** : 전화를 연결하다(= transfer, connect)
★ **hold on** : 기다리다

4.2 통화 시 문제가 있을 때 응대

- I'm sorry. I can't hear you well.
  죄송합니다. 당신의 목소리를 잘 들을 수 없습니다.

- There's a lot of noise on this end. Could you speak up a bit, please?
  전화에 잡음이 많은 것 같습니다. 더 크게 말씀해 주시겠습니까?
- The connection isn't very good on my end.
  전화 상태가 깨끗하지 않습니다.
- You're breaking up a little bit.
  당신의 목소리가 조금씩 끊기고 있습니다.
- I think there's a bad connection.
  전화를 잘못 거신 것 같습니다.

★ **unclear** : 분명하지 않은

★ **break up** : (전화 통화음이) 끊기다

5 상황별 응대

비서는 상사가 전화를 응대할 수 없는 경우에 상대방에게 그 이유를 설명해야 한다. 지나치게 구체적이지 않으며 상대방이 이해할 수 있을 정도의 이유를 정중한 영어 표현으로 설명하도록 한다.

5.1 상사의 부재 시 응대

- I'm afraid he won't be available until 3 P.M.
  3시까지는 불가능할 것 같습니다.
- He's on a business trip now.
  그분은 지금 출장 중이십니다.
- He's not in the office right now.
  그분은 지금 사무실에 안 계십니다.
- He's currently away from the office.
  그분은 사무실에 안 계십니다.
- He's out of the office.
  그분은 사무실에 안 계십니다.

- He just stepped out.
  그분은 막 외출하셨습니다.
- He's left the office for a while.
  그분은 잠시 사무실을 비우셨습니다.
- He's just gone out of the office.
  그분은 막 사무실을 나가셨습니다.

★ **I'm afraid~** : (부정적 상황, 상태에 대해) ~인 것 같다
★ **be on a business trip to~** : ~로 출장 중이다
★ **be away from~** : ~로부터 떨어져 있다. / ~로부터 벗어나 있다
★ **be out of ~** : ~로부터 나오다
★ **step out** : 나가다

5.2 상사의 통화 중 응대

- He's in another call right now.
  그분은 다른 전화를 받고 계십니다.
- He's busy with another call right now.
  그분은 지금 통화하느라 바쁘십니다.
- The line is busy at the moment.
  지금 통화 중이십니다.

5.3 상사의 회의 중 또는 출장 중 응대

- He's in a meeting now.
  그분은 지금 회의 중이십니다.
- He's unable to answer the phone right now because he's in a meeting.
  그분은 지금 회의 중이어서 당신에게 연락하실 수 없습니다.
- He's on a business trip to Busan.
  그분은 지금 부산 출장 중이십니다.

- The meeting that he's in will take another 2 hours.
  그분이 참석한 회의가 2시간 더 걸릴 것입니다.

5.4 상사의 일정과 관련된 기타 응대

- He'll be back within 2 hours.
  그분은 2시간 내에 돌아오실 예정입니다.
- He plans to be back in 3 hours.
  그분은 3시간 내에 들어오실 계획입니다.
- His schedule is free this week.
  그분은 이번주 일정이 여유 있습니다.
- His schedule is quite full right now.
  그분은 오늘 일정이 꽉 찼습니다.
- He's already fully booked for today.
  오늘 그분의 일정은 모두 예약되었습니다.

★ **be free of~** : ~에서 자유롭다
★ **daily schedule** : 일일 일정
★ **reserve** : 예약하다

6 대화문 연습

Dialogue 1

Secretary : Good morning, Frender Marketing Technology. This is Murray speaking. How may I help you?

Customer : Hi, this is Mr. Back from ACIA Service. Can I speak to Mr. Went?

Secretary : I'm sorry. He's in a meeting now. It will take another 30 minutes. Would you like to leave a message?

Customer : OK, but it's quite important, so it may be better to speak with him directly.

Secretary : I understand. Could you give me your phone number to give to him?

★ direct call : 직통

Dialogue 2

Secretary : Good afternoon, Cape Mobile Company. Anja speaking. How can I help you?

Customer : Hi, Anja. Can I speak to Ms. Han?

Secretary : Could I have your name, please?

Customer : Oh, sorry. This is Lowell from HPS Trading Company. I'd like to talk about the contract for next quarter.

Secretary : Sure, I'll transfer your call to Ms. Han. Please don't hang up and just wait one moment.

Customer : Thanks.

Dialogue 3

This is Ms. Chen from Mr. Lee's office. I sincerely apologize for not being able to take your call right now. If you would like to leave a message for us, please do so after beep. I will call you back as soon as possible. Thank you for calling.

★ sincerely : 진심으로

★ apologize : 사과하다

★ beep : 알람음

Dialogue 4

Secretary : Good morning, Calmo Art Museum. CEO's office.

Customer : Hello. This is Ahn from Loy Member Service. Is Mr. Park in the office? I need to talk to him right now.

Secretary : I'm sorry. He's not here now.

Customer : When can I get in touch with him?

Secretary : He just went out for lunch and will come back to the office within 20 minutes. Should I ask him to return your call or would you like to call back again?

Customer : Well, I'll call again later. Thanks.

Secretary : You're welcome.

★ **get in touch with~** : ~와 연락하다

★ **return someone's call** : ~에게 전화 회신을 하다

Dialogue 5

Secretary : Hello, This is Chen speaking.

Customer : Hi, this is Ahn of PNPA Co., Ltd. Can I speak to Mr. Joyce in the sales department?

Secretary : Mr. Joyce? I'm not sure he's in his office. Let me check first. Hold on, please.

Secretary : Thanks for waiting. I'm sorry, but he's away from the office. Is there someone else who could help you?

Customer : Well ... Oh, yes. Ms. Park might be able to help me. She is an assistant to Mr. Joyce. Could you try her?

Secretary : No problem. Wait one moment, please.

★ **let me check** : 확인해 보다

★ **hold on** : 기다리다

★ **assistant** : 보조직원

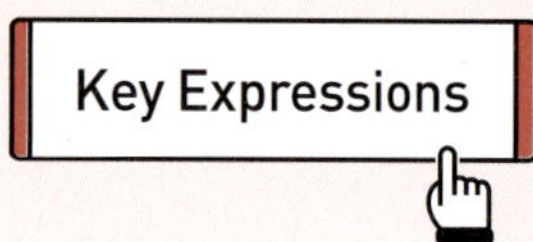

1. 전화를 걸 때 첫인사

- Hello, can / may I speak to ____?
- Hello, is ____ there?
- Hi, I would like to speak / talk to _____.

2. 전화를 받을 때 첫인사

- ○○ Company, this is ○○ speaking. How may I help you?
- Good morning / afternoon / evening, Mr. / Ms. ○○'s office, ○○ speaking. How can I help you?

3. 용건 파악

- May I ask who's calling, please?
- Could I have / ask your name, please?
- Can I ask what this call is about?
- Would you mind if I ask your name?

4. 메시지 및 연락처 전달

- Would you like to leave a message?
- Could you leave me your contact information?
- If you leave your phone number, I will call you back later.
- Please call me back later when you are available.

5. 전화 연결

- One moment please, I will put you through to ○○.
- Could you hold on just a few minutes? I'll transfer your call to ○○.
- Just a moment please. I'll connect you to ○○.

6. 상황별 응대

- I'm afraid he won't be available now.
- He's busy with another call right now.
- He's on a business trip to ○○.
- He plans to be back in 3 hours.

CHAPTER

10

내방객 응대

학습 목표

1. 내방객을 맞이하고 용건을 파악하는 표현을 말할 수 있다.
2. 내방객 안내, 접대, 배웅과 관련된 표현을 익히고 실제 업무에서 자연스럽게 말할 수 있다.

내방객 관련 유용한 어휘 및 어구

appointment 약속
belongings 소지품
conference room 회의실
executive room 중역실
president's office 사장실
lounge 라운지
take / have a seat 자리에 앉다
I'll show you ~ 제가 ~을 보여 드리겠습니다
Let's go into the ~ ~로 같이 가시죠
Can I take your coat? 코트를 제게 주시겠습니까?
Would you like ~ ~를 드시겠습니까?
How do you take it? 어떻게 드시나요?

내국인 손님의 응대 못지않게 외국인 손님을 맞이하고 응대하는 업무는 비서가 수행해야 하는 중요한 부분이다. 기업 혹은 상사를 대표하는 비서의 내방객 응대 태도를 통해 내방객은 상사에 대해 그리고 기업에 대해 긍정적 이미지와 인상을 받게 될 뿐만 아니라 특히 외국인 내방객에게는 한 나라의 이미지를 결정지을 수 있는 큰 영향을 주게 된다. 10장에서는 문화와 생활 습관 그리고 가치관의 차이가 나는 외국인 손님을 존중하며 격식 있게 응대하기 위한 필수적인 표현 등을 알아본다.

1 내방객의 약속 확인 및 용건 파악

외국인 내방객을 응대할 경우 문화 · 정서적인 차이를 충분히 고려하여 정중하고 명확하게 방문의 목적을 파악할 필요가 있다. 출장, 회의, 홍보, 만찬, 계약 등 다양한 방문의 목적과 의도를 파악하고 외국인 내방객이 다소 낯설게 느껴지는 환경에 친숙히 적응할 수 있도록 친절히 배려하도록 한다.

- Did you make an appointment with Mr. Kim?
  Mr. Kim과 약속을 하셨나요?
- Mr. Park is waiting for you now.
  Mr. Park이 지금 당신을 기다리고 계십니다.
- Are you Ms. Lee, here for a meeting with Mr. Lawrence?
  당신이 Lawrence 씨와 미팅이 있는 Ms. Lee입니까?
- Could I ask the reason for why you're visiting here?
  이곳을 방문한 이유를 여쭤 봐도 될까요?
- Could I ask what your visit is in regard to?
  이곳에 무슨 일로 오셨습니까?
- Excuse me, what brings you to our office?
  실례합니다만, 무슨 일로 이곳에 오셨습니까?
- May I ask what the purpose of your visit is?
  이곳을 방문한 목적을 여쭤 봐도 될까요?

2 내방객 안내

상사와의 면담이나 회의가 사전 예약이 되어 있는 경우, 외국인 내방객의 도착을 상사에게 알리도록 하며, 혹시라도 갑작스럽게 방문한 내방객의 경우에는 상사의 가능 여부를 확인할 필요가 있다. 상사에게는 내방객 방문의 목적을 상세히 설명하고 외국인 내방객에게도 역시 상황을 설명하도록 한다.

- I'll tell my boss that you've just arrived.
  사장님께 당신이 막 도착하셨다고 말씀드리겠습니다.
- I will let Mr. Kwon know that you're here.
  권 사장님께 당신이 이곳에 오셨다고 알리도록 하겠습니다.
- I need to check whether he is available or not.
  사장님께서 가능하신지 아닌지 확인해야 합니다.
- He is waiting for you now.
  그는 지금 당신을 기다리고 계십니다.
- Let me check his availability for you.
  사장님이 가능하신지 여부를 먼저 확인하겠습니다.
- Could I have your signature on the visitor's list, please?
  방문객 명부에 서명해 주시겠습니까?
- I need to check whether he is free or not.
  사장님께서 여유가 되는지 확인해야 합니다.

3 내방객 접대

외국인 내방객을 응대하기 위해서는 최대한 정중한 표현을 쓰도록 하며 내방객의 편의를 위해 세심한 관심을 가져야 한다. 문화 · 정서적 차이를 고려하여 취향과 선호도를 파악하고 특히 식 · 음료 선택과 관련해서는 종교적 특성과 특정 식품에 대한 알레르기 반응 여부도 확인해 둘 필요가 있다. 또한 방문한 외국인 내방객의 취향과 선호도를 메모해 두면 다음 방문 시 더 능률적으로 응대할 수 있다.

- Would you please wait a few minutes?
  잠시만 기다려 주시겠습니까?
- Would you like to take a seat?
  자리에 앉으시겠습니까?

- Would you please have a seat over there?
  저쪽 좌석에 앉으시겠습니까?
- Could I take your belongings until you're finished the meeting?
  회의가 끝날 때까지 소지품을 보관해 드릴까요?
- Would you like something to drink?
  마실 것 좀 드시겠습니까?
- Would you like to have some coffee or tea?
  커피나 차를 드시겠습니까?
- Would you like something to eat?
  무엇을 좀 드시겠습니까?
- Do you need anything to read?
  읽을 것이 필요하십니까?
- I can bring some magazines for you while you wait.
  기다리시는 동안 잡지를 좀 가져다 드릴까요?
- Please have / take a seat here.
  이곳에 앉으세요.

4 내방객 배웅

용건을 마친 외국인 내방객에게 작별 인사를 위한 중요한 표현을 익혀 두도록 한다. 우선 방문에 대한 감사함을 표현하고 재회를 희망하는 표현 등을 포괄적으로 알아두도록 한다. 첫인사만큼 중요한 끝인사이기에 격식을 갖추어 표현할 수 있도록 한다.

- Thank you for visiting our company. We hope to see you again soon.
  저희 회사를 방문해 주셔서 감사드립니다. 곧 다시 뵙겠습니다.
- We really appreciate your visit today.
  오늘 방문에 무척 감사드립니다.

- We hope you are satisfied with your visit.
  이번 방문이 만족스럽길 바랍니다.
- We hope to see you again.
  다시 만나기를 희망합니다.
- Take care of yourself.
  편히 돌아가세요.
- Are you sure you haven't left anything behind?
  혹시 남겨 두고 가는 물건은 없나요?
- I am looking forward to seeing you soon.
  곧 뵙기를 바랍니다.
- I will escort you to the door.
  출입구까지 모셔다 드리겠습니다.
- I'll see you off.
  배웅해 드리겠습니다.

★ **look forward to ~ing** : ~하기를 바라다

★ **see you off** : 배웅하다

5 대화문 연습

Dialogue 1

Customer : Excuse me. This is Joseph. I'm here to meet Mr. James, the COO of the company.

Secretary : Did you make an appointment with him?

Customer : Yes, I did. I called just yesterday to confirm this meeting.

Secretary : OK. Nice to meet you, Joseph. Mr. James has been expecting you. I will show you the way.

Customer : Thank you so much.

★ **COO** : chief operations officer

★ **confirm** : 확인하다

★ **expect** : 기대하다

Dialogue 2

Secretary : Excuse me sir, Mr. Carter just arrived.

Boss : OK. Please send him into my office.

Secretary : Sure.

(to Mr. Carter)

Secretary : Mr. Carter, my boss is waiting for you. Please go right in.

★ send someone in~ : 넣다, 들여보내다

★ go right in : (바로) 들어가다

Dialogue 3

Secretary : Would you like something to drink?

Customer : Oh, thanks. Could I get an iced coffee, please?

Secretary : Sure. How would you like it? Would you like any milk or sugar?

Customer : Only sugar, and less ice please.

Secretary : Certainly. I will be back soon.

★ How would you like ~ : ~을 어떻게 해 드릴까요?

★ Would you like to ~ : ~을 하시겠어요?

Dialogue 4

Secretary : Thank you very much for your visit today.

Customer : Thanks a lot for your help.

Secretary : Did you remember to bring all your belongings?

Customer : Well... Oh, I forgot to take my USB from the conference room.

Secretary : No worries. I'll bring it to you.

Customer : Thanks.

★ conference room : 회의실

★ No worries : 걱정하지 마세요

Dialogue 5

Secretary : Good morning, may I help you?

Customer : Yes, please. I am looking for the Human Resources Department. Is it on the 15th floor?

Secretary : Unfortunately, it was moved to the 3rd floor last week due to internal renovations.

Customer : Oh, I see. Where can I take the elevator?

Secretary : It's on your left side at the corner. I'll take you there. Please come this way.

Customer : Thank you so much.

★ **look for ~** : ~을 찾다

★ **Human Resources Department** : 인사부(HRD)

Key Expressions

1. 내방객의 약속 확인 및 용건 파악 표현

- Did you make an appointment with Mr. Kim?
- Excuse me, what brings you to our office?
- Are you Ms. Lee, here for a meeting with ○○?
- Could I ask the reason for why you're visiting here?

2. 내방객 안내

- I'll tell my boss that you've just arrived.
- I will let Mr./Ms. ○○ know that you're here.
- Let me check his availability for you.
- I need to check whether he is free or not.

3. 내방객 접대

- Would you like to take a seat?
- Would you like something to drink?
- Could I take your belongings until you're finished the meeting?
- I can bring something for you while you wait.

4. 내방객 배웅

- Thank you for visiting our company. We hope to see you again soon.
- We really appreciate your visit today.
- I am looking forward to seeing you soon.
- I will escort you to the door.

CHAPTER

11

예약

1. 교통수단과 관련된 다양한 예약 표현을 말할 수 있다.
2. 식당/호텔을 예약할 때 필수적인 표현을 말할 수 있다.
3. 상사의 일정 계획과 조율 시 사용하는 중요 표현을 실제 업무에서 활용할 수 있다.

예약 관련 유용한 어휘 및 어구

reservation 예약
make / book a reservation 예약하다
available 이용 가능한
double-check 확인하다
reschedule a reservation 예약을 다시 잡다
running late 늦다
one-way ticket 편도표
round trip ticket 왕복표
fixed schedule 고정된 일정
adjust one's schedule 일정을 조정하다
on-site 현지에서
stopover 경유지
upgrade one's room / seat 방 혹은 좌석 등급을 승급시키다
have a layover 경유하다

업무의 연장선인 상사의 해외 출장, 미팅, 만찬 및 각종 행사의 원활한 진행을 위해 비서는 다양한 예약 업무를 하게 된다. 상사의 요구사항을 정확히 파악하여 예약의 목적과 시간, 장소 등을 잘 구분한 성공적인 예약은 상사의 업무 효율을 높일 뿐 아니라 기업의 이윤 창출에도 큰 영향을 주게 된다. 문화의 차이 및 국내와 다른 예약 시스템을 잘 파악하고 다양한 정보를 조사하며 센스를 발휘하여 효율적인 예약을 할 수 있도록 한다. 11장에서는 교통수단, 식당, 호텔 예약에 필요한 중요 기본 표현을 알아본다.

1 교통수단 관련 예약

상사는 비즈니스를 목적으로 국 · 내외 출장을 자주 가게 된다. 다양한 교통편으로 출장을 가게 되며, 이때 예약 업무를 지원하는 것은 비서의 중요한 역할이다. 여러 교통편 중에서도 항공 예약은 항공사, 노선, 시간대, 금액이 다양하고 취소 및 변경이 번거로울 수 있으므로 예약하기 전에 충분한 조사를 하여 상사의 출장에 적합한 최적의 항공편을 예약해야 한다. 항공 예약과 관련된 다양한 표현을 알아보고 상황에 맞게 말할 수 있도록 한다.

1.1 항공 예약

- Do you have any flights to L.A?
  L.A로 가는 비행편이 있습니까?
- I would like to book / reserve a flight to L.A.
  L.A로 가는 비행편을 예약하고 싶습니다.
- When do you want to leave?
  언제 출발하실 건지요?
- When is your departure date?
  출발일이 언제입니까?
- Please let me know the flight schedule to L.A
  L.A 행 비행 스케줄을 알려 주세요.
- I would like to leave early in the morning.
  저는 아침 일찍 출발하고 싶습니다.
- I have to return on Monday.
  저는 월요일에 돌아와야 합니다.
- I would need to be back here by October 11th.
  저는 10월 11일까지는 돌아와야 합니다.
- Do you want to book a one way or round trip flight to L.A?
  L.A까지 편도를 원하십니까? 아니면 왕복 여정을 원하십니까?

- Which class would you like to be seated in?
  어떤 좌석 등급에 앉기를 원하십니까?
- Would you like a window or aisle seat?
  창가쪽 좌석으로 하시겠습니까? 아니면 통로쪽 좌석으로 하시겠습니까?
- Could I take an aisle seat in the middle of the cabin?
  기내 중간 부분의 통로쪽 좌석에 앉을 수 있을까요?
- Are there any seats available?
  이용 가능한 좌석이 있습니까?
- All the flights to L.A are fully booked.
  L.A 행 모든 비행기가 만석입니다.
- Please put me on the waiting list.
  대기자 명단에 제 이름을 올려 주세요.
- Could I request a vegetarian meal?
  저는 채식용 식단을 사전 요청하고 싶습니다.
- May I upgrade to prestige class?
  프레스티지석으로 좌석 등급을 올릴 수 있을까요?
- How much is the fare?
  항공 요금이 얼마입니까?
- I would like to confirm my reservation.
  제 예약을 확인하고 싶습니다.
- Could you verify my reservation status?
  제 예약 상태를 확인해 주시겠습니까?
- I need to cancel my flight. How much is the penalty?
  제 비행을 취소해야 합니다. 위약금이 얼마입니까?
- I would like to reschedule my flight.
  제 비행 일정을 조정하고 싶습니다.
- How do you spell your name?
  성함의 철자가 어떻게 되나요?

2 식당 및 호텔 예약

고객과의 식사는 단순히 음식을 함께 먹는 그 이상의 의미를 가진다. 친목 도모나 계약 체결을 이룰 수 있는 업무의 연장선이라고 할 수 있다. 이를 위해 비서가 지원해야 하는 중요한 업무는 바로 식당 예약이다. 고객의 취향, 인원, 종교 및 문화적 차이 등을 충분히 고려하여 식사를 함께하는 모든 이들의 요구사항을 충분히 충족할 적합한 식당을 예약하기 위한 중요 표현을 알아 두도록 한다.

또한 호텔 예약은 출장지에서의 충분한 휴식을 제공하며 다음 업무를 위한 재충전의 시간이므로 상사의 취향과 선호도를 반영하여 예약하도록 한다. 특히 호텔 예약은 다양한 선택사항이 많으므로 예약 전에 상사와 충분히 협의하도록 한다.

2.1 식당 예약

- I would like to make a reservation for this Saturday.
  저는 이번 주 토요일에 예약하고 싶습니다.
- I would like to reserve a table for 4 people this evening.
  저는 오늘 저녁 4명을 예약하고 싶습니다.
- I would like to book a table for 6 for tomorrow at 6 P.M.
  저는 내일 저녁 6시에 6명을 예약하고 싶습니다.
- Could I get a table with a view?
  전망이 보이는 자리로 예약 가능한가요?
- He is supposed to be about 10 minutes late. Please hold the reservation.
  10분 정도 늦을 것 같습니다. 예약을 유지해 주세요.
- Please put the reservation under Mr. James.
  James 씨 성함으로 예약해 주세요.
- Do you have any specific dress code?
  레스토랑의 드레스 코드가 있나요?

2.2 호텔 예약

- I would like to book a twin bed room for this weekend.
  저는 이번 주말에 트윈 베드룸을 예약하고 싶습니다.
- Do you have any vacant rooms for this Saturday?
  이번 주 토요일에 빈방이 있습니까?
- How many days will you be staying?
  며칠 동안 묵으실 건가요?
- I would like to get a room with a seaside view, please.
  해변이 보이는 방으로 예약하고 싶습니다.
- I would like a non-smoking and quiet room, please.
  저는 비흡연실의 조용한 객실을 원합니다.
- Is the breakfast included?
  조식이 포함됩니까?
- How much is it per night?
  1박의 가격은 어떻게 되나요?
- What time is check-in?
  입실 시간은 몇 시입니까?
- Is late check-out possible?
  체크아웃을 늦게 해도 될까요?
- Do you offer a hotel shuttle bus service?
  호텔 셔틀 서비스를 제공하나요?
- Can I leave my luggage at the hotel before check-in?
  체크인 전에 호텔에 짐을 맡겨도 되나요?

3 일정 계획 및 조정

상사의 일정은 시간에 따라 구체적으로 세운 계획에 의해 이루어지며 이는 효율적인 업무를 위한 기본이 되기에 비서는 반드시 상사의 일정을 확인 및 숙지해야 한다. 또한 예상치 못한 업무로 일정 변경이 있을 때에는 변경사항을 확인하고 일정표에 즉시 반영하여 다음 업무에 영향을 주지 않도록 해야 한다. 상사의 일정을 확인하고 조정하기 위한 표현을 알아 둔다.

- What are your plans for today?
  오늘 일정이 어떻게 되나요?
- What's your schedule like on Wednesday?
  수요일 스케줄이 어떻게 되나요?
- Your schedule is quite hectic this week.
  이번 주는 일정이 바쁩니다.
- He is fully booked this week.
  이번 주는 일정이 다 잡혔습니다.
- He wants to adjust the schedule.
  그분은 스케줄을 조정하기를 원합니다.
- He is scheduled to have a conference with the sales manager.
  그분은 영업부장과 회의를 할 예정입니다.
- We will start today about 10 minutes behind schedule.
  오늘 스케줄은 10분 늦게 시작될 것 같습니다.
- What date is convenient for you?
  편하신 날짜가 언제입니까?
- How about tomorrow morning?
  내일 오전은 어떠십니까?
- Could you arrange a meeting for Thursday?
  목요일 회의 일정을 잡아 주시겠습니까?

- Let's meet up the following week in my office.
  다음 주에 제 사무실에서 만납시다.
- I'm afraid I can't.
  아무래도 안 될 것 같습니다.

4 대화문 연습

Dialogue 1

Secretary : Hi, I would like to reserve a round-trip flight to Istanbul, please.

Airline agent : Sure, do you want an economy class ticket?

Secretary : No, I want to travel business class, please.

Airline agent : OK. When do you want to set your departure date?

Secretary : I want to leave on September 18th and come back here on September 25th.

Airline agent : Certainly. Can I have the traveler's personal information for the booking, please?

Secretary : Sure, his full name is Mr. KIM SUNG SU and his passport number is M55582046.

Airline agent : All right. Can you give me his contact information, as well?

Secretary : His mobile number is +82-10-6389-3955 and his e-mail address is kimss@kitl.com.

Airline agent : Great. His e-ticket will be sent to his e-mail right away.
He should check the confirmation number of the ticket.

Secretary : Thank you very much.

★ set one's departure date : 출발일을 설정하다
★ traveler's personal information : 여행자의 신상 정보
★ contact information : 연락처
★ confirmation number : 예약 확인 번호

Dialogue 2

Secretary : Hi, I would like to reserve a single room for the 11th of February.

Hotel receptionist : I'm sorry. There are no available rooms on that day.

Secretary : Um, what about a single room for the 15th or 16th of February?

Hotel receptionist : Unfortunately, every room is fully occupied for that month.

Secretary : OK. Could you put my name on the waiting list, then?

Hotel receptionist : Sure, can I have your full name, please?

★ **be fully occupied** : 정원이 모두 차다

★ **place one's name on the waiting list** : 대기자 명단에 이름을 올리다

Dialogue 3

Restaurant staff : Good evening, Bistro L. restaurant, how may I help you?

Secretary : Hi, I need to cancel my reservation on October 7th under Ms. Garcia.

Restaurant staff : OK. Do you want to change your reservation to another date?

Secretary : No, thanks. I'll call you later if we have to reserve this restaurant.

Restaurant staff : OK. Thanks, bye.

★ **cancel one's reservation** : 예약을 취소하다

Dialogue 4

Secretary : I would like to inform you that you have a strategy meeting at 14:30 in Mr. Hekins office.

Boss : Oh, thank you. The traffic might be bad at that time.

Secretary : It could be as it's Friday. Do you want to leave early?

Boss : Yes, I should leave 30 minutes ahead of schedule.

Secretary : No problem. I will have the driver on stand-by on the first floor.

Boss : Please bring my USB with the meeting materials.

★ **inform** : 알리다, 통지하다
★ **ahead of schedule** : 예정보다 빨리
★ **stand by** : 대기하다
★ **meeting materials** : 회의 자료

Dialogue 5

Boss : Can I set up a meeting next week?

Secretary : Let me check first. Well, your schedule is a bit hectic next week. There aren't any available dates to set up a new meeting.

Boss : I want to adjust the schedule, then. What about canceling the luncheon meeting with the staff in the finance department? We can meet up during the third week of the month instead.

Secretary : I see. I will let them know of the cancelation. When do you want to set up the new meeting?

★ **set up a meeting** : 회의를 잡다
★ **hectic** : 정신없이 바쁜
★ **adjust the schedule** : 스케줄을 조정하다
★ **luncheon meeting** : 오찬 회의

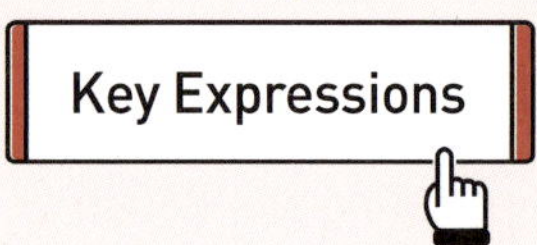

1. 교통수단 관련 예약

- I would like to book / reserve a flight to ○○.
- Could I take an aisle seat in the middle of the cabin?
- Could I request a vegetarian meal?
- I would like to confirm my reservation.
- I would like to reschedule my flight.
- I need to cancel my flight. How much is the penalty?

2. 식당 및 호텔 예약

- I would like to book a table for 6 for tomorrow at 6 P.M.
- Could I get a table with a view?
- Do you have any specific dress code?
- I would like to book a twin bed room for this weekend.
- I would like a non-smoking and quiet room, please.
- Do you offer a hotel shuttle bus service?

3. 일정 계획 및 조정

- What are your plans for today?
- He is fully booked this week.
- We will start today about 10 minutes behind schedule.
- He is scheduled to have a conference with the sales manager.
- He wants to adjust the schedule.

CHAPTER

12

지시 및 보고

학습 목표

1. 상사의 지시를 정확하게 파악하여 업무 내용을 이해하고 습득하는 표현을 말할 수 있다.
2. 상사의 지시로 완료한 업무의 결과와 중요 내용 등을 보고하는 표현을 말할 수 있다.

지시와 보고 관련 유용한 어휘 및 어구

report 보고하다
assist 돕다, 지원하다
request 요청하다, 요청
deal with 다루다, 처리하다
arrange 마련하다, 배열하다.
organize 정리하다
review 검토하다
proposition 제안
priority 우선사항
relevant material 관련 자료
take over 인계받다

비서의 주된 업무는 상사의 지시를 통해 이루어지게 되며 그것을 충실하게 수행하는 것은 비서의 기본적인 자세이자 의무이다. 또한 상사의 지시를 통해 수행된 업무는 반드시 보고하는 것이 원칙이며, 이외 중요 사항 및 필수적인 내용 역시 정확하게 파악해서 보고해야 한다. 지시와 보고 업무는 일의 혼선을 줄이고 상사와의 신뢰를 돈독히 할 수 있는 중요한 업무 중 하나이다. 12장에서는 비서의 커뮤니케이션 능력을 바탕으로 정확하게 지시받고 간단명료하되 구체적으로 보고하는 중요 기본 표현을 알아본다.

1 지시받기

상사는 비서에게 업무와 관련된 다양한 사항들을 지시하게 되고 비서는 이를 잘 이해하고 습득해야 한다. 정확하게 상사의 지시를 받는 것은 업무의 정확도를 높일 뿐 아니라 효율적인 처리를 위한 기본이 된다. 중요한 사항은 복창하고 메모하는 습관을 통해 실수 없이 지시를 받도록 한다. 지시를 받는 데 필요한 표현을 익혀 두고 상황에 맞게 표현할 수 있도록 한다.

- I'll get started right away.
  바로 시작하겠습니다.
- Yes, sir. Is there anything else that I can do?
  네, 알겠습니다. 제가 할 다른 일은 없습니까?
- Do you need any help in this matter?
  이 일에 도움이 필요하신가요?
- How can I assist you? Please let me know.
  제가 어떻게 도와드릴까요? 알려 주세요.
- I'm already finished.
  이미 마쳤습니다.
- Do you have any other requests for your next business trip to Jeju island?
  다음 제주도 출장에 다른 요청사항이 있으신가요?
- I'll take care of it.
  제가 처리하겠습니다.
- How would you like to deal with the following matter?
  다음 일은 어떻게 처리하기를 원하십니까?

2 보고하기

상사의 업무와 관련된 다양한 사항들과 중요 내용들을 상사에게 보고하는 표현을 익히도록 한다. '누가, 언제, 어디서, 무엇을, 어떻게, 왜' 등과 같은 기본 항목에 맞추어 정확하게 보고하여 상사의 업무 능률을 높일 수 있도록 한다. 상사의 지시로 완료된 업무, 진행 중인 업무, 추가 확인이 필요한 업무에 대한 중간보고 역시 잊지 않도록 한다.

- I'm informing you that you have two important meetings this afternoon.
  오늘 오후에 두 개의 중요한 회의가 있음을 알려 드립니다.
- You are scheduled to meet Mr. Han at 3:00 P.M.
  오후 3시에 한 씨를 만나기로 예정되어 있습니다.
- I sent the weekly meeting agenda to you last Friday. Please refer to it.
  제가 지난 주 금요일에 사장님께 주간 회의 자료를 보내드렸으니 참고하시기 바랍니다.
- You're supposed to call him regarding a business matter.
  업무와 관련된 사항에 대해 그에게 전화하기로 되어 있습니다.
- The manager in the administration department is in charge of the new yearly project.
  총무부의 매니저가 새로운 연간 프로젝트를 담당하고 있습니다.
- I will report to you with the updated schedule for the following week.
  다음 주의 업데이트된 일정을 보고하겠습니다.
- You don't need to review the contents of the operation report again as you confirmed them already.
  운영 보고서는 이미 확인하셨으므로 내용을 다시 검토하실 필요가 없습니다.

3 대화문 연습

Dialogue 1

Boss : Hi, Jina. Can I check my schedule?

Secretary : Sure, sir. What do you want to check?

Boss : When is the stockholders' meeting scheduled?

Secretary : It is scheduled for next Wednesday at 2:00 P.M. in the ICT building.

Boss : OK. I see. Thanks.

★ stockholders' meeting : 주주 총회

★ be scheduled (to) : ~할 예정이다

Dialogue 2

Secretary : Excuse me, sir. Are you ready for your meeting this afternoon?

Boss : Oh, I forgot about it. What is the meeting about exactly?

Secretary : Mr. Park of the Koreana Hotel is supposed to visit here for the workshop about the third quarter.

Boss : OK. What about after?

Secretary : After that, there is a final appointment with the managers in the conference room at 5 P.M. The agenda was already sent to your e-mail. Do you want me to print it out?

Boss : Yes, please. Go ahead.

★ in detail : 상세하게

★ is supposed to : ~하기로 되어 있다

★ agenda : 의제, 안건

Dialogue 3

Boss : Kate, I'll be a little late. I'm still in my car now.

Secretary : Oh. I see. When can you expect to be here?

Boss : It'll take about another 20 minutes. Traffic's really bad right now.

Secretary : OK. Do you want to delay the 3:00 P.M. meeting?

Boss : Yes, please. It's an important meeting so I want to be there when they start.

Secretary : OK. I'll let them know it'll start half an hour later.

★ **expect** : 예상하다, 기대하다

★ **severe** : 극심한, 심각한

Dialogue 4

Secretary : Excuse me, sir. How do you want to arrange next week's schedule?

Boss : I don't want to set up more than 3 appointments. I want to have a relaxing week.

Secretary : That's a good idea. You'll be busy the week after next because of your overseas trip to New York.

Boss : OK. How about we take a 10 minute break?

Secretary : OK, sir. Would you like something to drink?

★ **arrange the meeting** : 회의를 준비하다

★ **set up** : 소집하다, 일정을 잡다

Dialogue 5

Boss : Sophia, what's happening for the interview for the IT department on Tuesday?

Secretary : It is supposed to start at 10 A.M. in the conference room.
There are 6 candidates, and they are divided into three groups of two.

Boss : OK. Can I see their résumés in advance? I want to check their qualifications for the position.

Secretary : Sure, I'll bring them to you right away. Anything else you need?

Boss : One more thing, please. Is Internet available in the conference room?
It wasn't connecting well in the previous meeting. Could you check the Internet connection status?

Secretary : Certainly, sir. I'll have it ready to use.

★ **candidate** : 지원자
★ **be divided into~** : ~로 나누어지다
★ **in advance** : 사전에
★ **qualification** : 자격, 자질
★ **Internet connection status** : 인터넷 연결 상태

Key Expressions

1. 지시받기

- I'll get started right away.
- Is there anything else that I can do?
- How can I assist you? Please let me know.
- Do you have any other requests for ○○○?
- I'll take care of it.

2. 보고하기

- I'm informing you that you have two important meetings this afternoon.
- You are scheduled to meet Mr. Han at 3:00 P.M.
- I sent the weekly meeting agenda to you last Friday. Please refer to it.
- I will report to you with the updated schedule for the following week.
- I'll let you know the results.

참 | 고 | 문 | 헌

저서 및 보고서

박혜윤, 박소연(2014), 현장 비서 실무, 새로미

비서교육연구소(2020), 2020 비서2급, (주)시대고시기획

이지은(2018), 비서실무론, (주)백산출판사

이지은, 이준의(2017), 글로벌의전매너, (주)백산출판사

인사혁신처(2018), 비서업무 매뉴얼

장은주, 김경화, 유지선(2019), 비서실무의 이해, (주)한올출판사

정성휘(2013), 비서실무 멘토링, (주)한올출판사

정성휘(2019), 비서직 진출준비와 면접실무, (주)한올출판사

조계숙, 최애경(2013), 현대비서학, 도서출판 대영문화사

한혜숙, 김현주(2017), NCS기반 비서실무, 새로미

홍순이(2011), 비서학개론, (주)한올출판사

홍순이(2013), 비서실무 workbook, (주)한올출판사

논문

김신영(2009). 비서교육훈련 프로그램 특성과 조직유효성과의 관계. 석사학위논문, 고려대학교 교육대학원

김지영, 박윤희(2019). 비서 역량개발을 위한 비서학 평가인증제 도입에 관한 기초 연구. 비서 · 사무경영연구. Vol.28. No.2, PP. 63-88

김효선(2012). 비서학논총의 20년간의 분석과 종합. 비서 · 사무경영연구. Vol.21. No.2, PP. 35-55.

문주영(2020). '비서관련과'에 대한 빅데이터 분석 연구. 비서 · 사무경영연구. Vol.29. No.1, PP. 51-75

백지연(2012). 비서학의 학문적 특성과 비서학 연구에 관한 고찰. 비서 · 사무경영연구. Vol.21. No.1, PP. 89-108

백지연 외(2020). 미래사회 대비를 위한 비서교육 교과과정 개발을 위한 연구. 비서 · 사무경영연구. Vol.29. No.2, PP. 163-189

손숙(2008).기업체 전문비서의 직무만족이 조직시민행동에 미치는 영향. 석사학위논문, 연세대학교 교육대학원

유승혜(2004). 비서관련학과 현장실습교육의 실무전이 결정요인에 관한 기초연구. 한국비서학회. Vol.13. No.2, PP. 65-88

이정건(2020). 상사의 커뮤니케이션의 특성이 비서의 직무스트레스에 미치는 영향. 인문사회 21. Vol.11. No.5, PP. 1017-1032

조영아(2016). 직무중심 전문대학 비서과 교육과정 사례연구. 비서 · 사무경영연구. Vol.25. No.2, PP. 35-56

웹 자료

구글 홈페이지(www.google.co.kr)

국립국어원(www.korean.go.kr)

네이버 지식백과(terms.naver.com)

네이버 홈페이지(www.naver.com)

다음 홈페이지(www.daum.co.kr)

옥스포드 사전(www.oxfordlearnersdictionaries.com)

위키백과(ko.wikipedia.org/wiki/)

한국비서협회(www.kaap.org)

한국생산성본부(www.kpc.or.kr)

한국호텔업협회(www.hotelskorea.or.kr)

KRIVET 전자도서관(library.krivet.re.kr)

저자 소개

김세연
국제대학교 항공서비스학과 겸임교수

한양대학교 일반대학원 관광학 박사 과정 중
한국외국어대학교 교육대학원 영어교육학과 졸업(교육학 석사)
국민대학교 사회과학대학 직무별 멘토링 담당
명지대학교 항공서비스경영학과 예비승무원 대회 면접관
충청대학교 외래교수
오산대학교 외래교수
동양대학교 외래교수
에어아시아 엑스 1기 한국인 승무원(말레이시아 베이스)
외국계 기업 대표이사 통 · 번역 비서
기업체 임원 영어교육
APEC 중소기업 장관회의 통역
Rennert New York, USA(TESOL 수료)

저서
항공사 영어 인터뷰 12주 완성하기 프로젝트(백산출판사, 2019)

감수자 소개

Kathryn Hamang
English Writing and Public Speaking, Seoul Global High School
English Conversation and Advanced Communication, Seoul Science High School
Master's of Arts in English Language Education, Seoul National University
Bachelor of Arts in Specialized Honours Linguistics, York University